Harvard Business Review Press

幸福学

ハーバード・ビジネス・レビュー 編集部 編
DIAMONDハーバード・ビジネス・レビュー編集部 訳

ダイヤモンド社

Emotional Intelligence
EI シリーズ

Harvard Business Review
Emotional Intelligence HAPPINESS

HAPPINESS

HBR Emotional Intelligence Series

by

Harvard Business Review

〔日本語版に寄せて〕
幸せに働く時代がやってきた 001
前野隆司 慶應義塾大学大学院システムデザイン・マネジメント研究科教授

1
職場での幸福は重要である 013
アニー・マッキー ペンシルバニア大学教育大学院シニアフェロー

2
幸福の心理学 021
ダニエル・ギルバート ハーバード大学心理学部教授
ガーディナー・モース 『ハーバード・ビジネス・レビュー』（HBR）シニアエディター

3 「否定的な感情がない」ことが「幸福」ではない 047
ジェニファー・モス プラスティシティ・ラボ共同創設者

4 インナーワークライフの質を高める「進捗の法則」 057
テレサ・アマビール ハーバード・ビジネススクール教授
スティーブン・クレイマー 心理学者

5 幸福のマネジメント 093
グレッチェン・スプレイツァー ミシガン大学スティーブン・M・ロス・スクール・オブ・ビジネス教授
クリスティーン・ポラス ジョージタウン大学マクドナー・スクール・オブ・ビジネス准教授

6 職場での幸福について、見落とされていること 119
アンドレ・スパイサー ロンドン大学シティ校カス・ビジネススクール教授
カール・シーダーストロム ストックホルム大学准教授

7 幸福追求のパラドックス 131
アリソン・ビアード『ハーバード・ビジネス・レビュー』(HBR)シニアエディター

8 幸福の歴史 139
ピーター・N・スターンズ ジョージ・メイソン大学教授

注

［日本語版に寄せて］

幸せに働く時代がやってきた

慶應義塾大学大学院システムデザイン・マネジメント研究科教授　**前野隆司**

『ハーバード・ビジネスレ・ビュー』（ＨＢＲ）から英語で刊行され好評なＥＩ（Emotional《エモーショナル・》 Intelligence《インテリジェンス》）シリーズが、このたび和訳される運びとなった。そして、その最初のテーマがHappiness《ハピネス》。幸福学や幸福経営学がまだマイナーだった頃からこの分野の研究を行ってきた私としては、この隆盛は感慨深い。

読者の皆さん、ご存知だろうか。幸福学の研究は近年世界的に盛んになっており、心理学のみならず、経営学、経済学などの学会でも盛んに議論されている。幸福学研究成果の一例を挙げると、幸せな従業員は、不幸せな従業員よりも、創造性が三倍高く、生産性が三〇％高く、欠勤率が低く、離職率が低く、組織を助け、外向的で、知的で、創造的で、情緒が安定し、健康であり、長寿でもある。

本書にも、研究成果がこれでもかというほど載っている。抜粋すると、幸せな者は、不幸せな者よりも、有能な働き手であり、エンゲージメント（意欲や愛着、一体感など）が高く、独創的・生産的で、新たなことに挑戦し、ポジティブな経験を高い頻度で経験し、瞑想したり、運動したり、十分な睡眠をとったりし、人脈を広げ、感謝をし、有意義な仕事の進捗を図ることでモチベーションを高め、組織に対して献身的で、仕事に満足し、欠勤と病院での受診が際立って少なく、仕事から多くを学び、同僚たちの士気を高め、離職しにくく、顧客をより満足させ、安全に働き、組織市民行動（組織への自発的で無償の貢献行動）をする。いいことだらけである（いや、正確に言うと、本書の後半には、そうでない点についても触れられているが、そういう議論も含めて、幸福学はいまホットである）。

幸せに働くことについて、活発に議論する時代がやってきたのである。

幸福学とは何か

さて、このように、幸福学は現代型経営のためになくてはならない新潮流であるが、そもそも幸福学とは何か、その基本的な考え方について少し解説したいと思う。幸福学は読んで字のごとく幸せについての学問であるが、英語ではWell-being Study《ウェルビーイング・スタディ》、Happiness Study《ハピネス・スタディ》、Positive Psychology《ポジティブ・サイコロジー》などと呼ばれる。

幸せを英訳するとhappyだと思われがちだが、幸せとハッピーとは少しニュアンスが異なる。ハッピーは、気分、感情に近く「ワクワクして楽しい気分」というような短いスパンの心の状態を表すのに対し、幸せは、ハッピーな気分から、豊かな時間、いい人生といったような、時間スパンの長い状態までを表す。

学術的にはwell-beingという単語がよく使われる。和訳すると、「健康、幸せ、福祉」というような意味である。文字通りに訳すと、wellは良好、beingは在り方であるから、「良き在り方」「良い状態」ということになる。体が良い状態であることが健康、心が良い状態であることが幸せというわけである。要するに、幸せは、happy（楽しい状態）とwell-being（良い状態）を含む広い概念というべきだろう。実際、欧米の幸福学の現場では、「happiness and well-being」という表現が多用される。

本書はＥＩのシリーズなので、どちらかというと幸せの感情的な側面であるハピネスにフォーカスが当てられていると言うべきであろう。実際、原著を読むと、ウェルビーイングという単語よりもハピネスのほうが圧倒的に多用されている。

ひとつご注意いただきたいのは、本書ではハピネスが幸せ（または幸福）と訳されているという点である。本書で幸せという場合、主に「人生の深い目的を成し遂げる幸せ」という時のような長期的な意味での幸せではなく、感情的・認知的側面としての幸せという意味で述べられることが多いということに、ご注意いただきたい。たとえば、最後の三つの章ではハピネスに対して批判的な文章が掲載されているが、これらは「幸せへの批判」というよりも、「ハピネスを重視しすぎることへの批判」ととらえるべきだろう。

先に幸福学は英語では三つあると述べたが、その三つ目のポジティブ心理学についても述べておこう。本書の第3章にも出てくるマーティン・セリグマン教授が始めた分野で、やはり、ハピネスのみならずウェルビーイングや繁栄した人生（flourish）というような広い意味での幸せを目指すための学問である。大雑把に言って、セリグマンの言うポジティブ心理学の基本フレームワークである「PERMA」は、P・E・RMAに分かれる。

Pは快楽の感情（Pleasant Emotion）またはポジティブな感情（Positive Emotion）。幸

せの感情的な側面であるので、ハピネスに対応している。古代ギリシャの分類では、ヘドニア（快楽的な幸せ）がこれに相当する。感情として主観的に感じることができるので、ＳＷＢ（Subjective Well-being）とも呼ばれる。本書の主な対象である。

Ｅはエンゲージメント。本書でも議論されているが、ポジティブ心理学で言うエンゲージメントは、フローやゾーン、没頭に近い。我を忘れて、仕事や創作活動やスポーツに打ち込んでいる状態である。高い没入状態ではもはや主観的なハピネスは感じていないが、生産性も高く、広い意味で言うと幸せな状態であるので、幸福学研究の対象に含まれる。

最後のＲＭＡは、関係性（Relationship）、人生の意味（Meaning）、何かの達成とそのための努力（Accomplishment）を表し、古代ギリシャのユーダイモニア（意味のある幸せ）に近い。専門的にはＰＷＢ（Psychological Well-being）とも呼ばれる。これは、日本語の「幸せな人生」という時の幸せに近い。つまり、こちらは、長期的に持続する深い幸せを表す。

つまり、本書は、幸せをヘドニア（Ｐ）、ユーダイモニア（ＲＭＡ）、フロー（Ｅ）に分けるとすると、どちらかというとヘドニア（Ｐ）の部分にフォーカスを当てた書だということができよう。幸福学を研究する日本の研究者である私から見ると、この点が、本書の素晴らしさでもあり限界（取り扱い範囲）でもあると思う。このことについて以下に述べたい。

個人主義と集団主義の狭間で

私は日本企業の幸せの研究や、日本人の幸せの統計的研究を行っている。日本の幸せな会社を取材すると、その結果は、一見、本書で書かれたことと似ている。すなわち、仕事ができる社員は幸せな人であり、社員が幸せな会社は経営状態が安定した良い企業である。だから、社員を幸せにすべきである。経営者は、社員を幸せにすることを、社会を幸せにすることを同じように、会社の理念に掲げるべきである。

ただし、アメリカ型の幸せな会社と日本型の幸せな会社では、やや異なる傾向があるようにも思う。アメリカの企業が社員の幸せを考える時、ハピネス、すなわち、短期的なポジティブ感情ないしはヘドニアに着目することが多い。一方で、日本の企業はどちらかというと、社員の人生にわたる幸せ、みんなのために働くということ、といったような、長期スパンで利他的な幸せに着目する傾向がある。

文化心理学では、各国の文化を、個人主義（individualism）と集団主義（collectivism）に分けて対比する。個人としての独立を重視するか、集団としての秩序を重視するかで、人々の判断が異なるというものである。この分類によると、欧米は個人主義的な社会、東アジアは集団主義的な社会であるが、すべての国が西洋と東洋にきれいに分けられるわけではない。ラテン系諸国の国民はかなり集団主義的であるし、日本人の平均値はどちらかというと個人主義と集団主義の中間あたりに位置する。

話は変わるが、毎年三月に国連が「世界幸福度調査」の結果を発表する。そのたびに、日本のマスコミは、「日本人の幸福度は先進国中最下位」と騒ぎ立てる。各国で「最悪の生活を0、最高の生活を10とした時、あなたの生活は何点になりますか」と聞くものであるが、日本人の平均値は5と6の間くらいで、たしかに、数値は先進国中最下位である。しかし、日本人の幸福度は本当に、先進国中最下位なのだろうか？

実は、この調査に対し、個人主義的な社会では、最高点の10点からの引き算で自分の点を判断する傾向があると言われている。欧米の平均値は「10よりは少し低くて8くらいかな」と人々が判断するためか、8前後となる。一方、東アジアなどの集団主義的な社会では、「出る杭は打たれる」と考えられるためか、中庸、平穏無事というような概念が浸透しているためか、はたまた謙虚で慎み深い国民性のためか、平均値が5前後になる傾向がある。

そんななか、日本での調査結果のグラフは面白い。なんと、5と8にピークを持つ、ふた山の分布になるのである。これは、日本のなかには、個人主義的な集団と集団主義的な集団が混ざり合っているということを表す。実は日本人は、我々が思っている以上に多様なのである。

欧米よりも東アジアのほうが幸福度が低い理由は、謙虚なためかも、中庸を愛するためかもしれないのである。したがって、異文化間の比較調査を行う際には、文化差に十分配慮する必要があると言えよう。つまり、日本人が先進国中、最も不幸なのか、先進国中最も慎み深いのかは、この調査だけからはわからないのである。比較研究要注意である。

さて、話を戻そう。

ヘドニアと呼ばれる個人の快楽に基づく幸せ（ハピネス）を重視するのは、個人主義的な文化圏であると考えられる。一方で、ユーダイモニアのなかでも、他の人への貢献や利他性を重視する価値観を重視すると考えられるのは、集団主義的な文化圏であると思われる。だから、日本人は、他の人への貢献や利他性を重視する国民である、と言いたくなるが、そうとも言い切れない。日本人は、先ほども述べたように、統計データによると個人主義と集団主義の中間である。世界幸福度調査の結果もふた山だったのである。つまり、大雑把に言うと、日本人のなかには、個人の快楽に基づく幸せ（ハピネス）を重視する集団と、他の人への貢献や利他性を重視する集団とが、混ざり合っているということである。だから話がややこしい。誤解を恐れずに単純化して述べるなら、前者の集団はアメリカ好き、後者の集団はアメリカ嫌いとレッテルを貼ってもいいかもしれない。

そして、本書は前者向きと言えるだろうか。本書は、基本的には個人主義的なテイストに彩られている。職場のなかで個人がハッピーになるために何をすべきか、あるいは職場の人々をハッピーにするために何をすべきか、が明確に述べられている。参考になる事例がいっぱいである。個人主義的な主張の素晴らしい点は、論旨が明確で、個人が何をすべきかが明確に述べられる点である。だから、役に立つ。合理的に働きたい、近代西洋流好きの方にはこたえられないヒント集である。

一方で、集団主義的な思考をする方々にとっては、ややドライに感じられるかもしれない。あるいは、ハッピーなアメリカ人のやり方に、日本人はついていけないよ、と言う方もおられるかもしれない。本書がよくできているのは、後者の方々のための配慮もそれなりにされている点である。すなわち、ハイブリッドになっている。

セリグマンのPARMAのうち、RMAがユーダイモニア的であることについてはすでに述べた。最後の三章におけるハピネス批判も、アメリカの行きすぎたハピネス推進に懐疑的である。快楽追求よりも、より有意義なこと、良き人格、人生への愛を重視すべきではないかと書かれている点は、ユーダイモニア的である。では、集団主義的かというと、そうでもない。著者たちは欧米人だからか、ユーダイモニア的だが、集団主義的ではないのである。

では、ユーダイモニア的で集団主義的な価値観とは何か？　それは、日本の幸せな会社を取材すると必ず出てくる、「みんなのために」「会社のために」「社会のために」といった論調の重視である。個人主義的な方々からは、「集団主義には、個を押し殺して集団のために働かざるをえない集団の圧力がある」ととらえられがちである。皆さんは、「みんなのため」という時に自分らしさを押し殺して我慢しているニュアンスを感じるだろうか？　自分らしさを犠牲にしているとしたら、それは集団主義の弊害であろう。

しかし、利他とあえて明確に言わなくても、みんなのためのことを普通に考える緩やかな利他主義を内包する点は、集団主義の優れた点であると思う。そういう意味では、当然ながらその部分は本書には含まれていない。どの洋書もそういう傾向があるが、この点をご理解いただいたうえでお読みいただくと、よりいっそうお楽しみいただけるのではないかと思う。

＊　＊　＊

以上に述べてきたように、本書は、ハピネスへの賛否も含め、さまざまな知見が濃縮されたバランスの良い本であると思う。幸せ観は人それぞれである。皆さんも、本書に賛同する視点と疑問を持つ視点の両方を併せ持ちながら、良いところは取り入れ、合わないところはあえて取り入れないという取捨選択も含めて、味わっていただくとよいのではないかと思う。複数の著者の論考が並んでいることもあり、多様性も楽しみながら思考の幅を広げていただければと思う。

私自身は、本書を読んで、日本の幸福学をもっと発展させたいという思いを再確認するに至った。本書の著者たちももちろん素晴らしいが、個人主義的思想と集団主義的思想を併せ持つ日本で、さらに高度な幸福学を構築できるのではないか。ティール組織やホラクラシー経営といった新しい潮流が注目を集める日本から、この本の続編を世界に広める日が来るのではないか。対立や分断ではなく、全体が統合され調和する究極の幸福経営学を、日本から発信すべきではないか。そんな未来を夢見る今日この頃である。

そのためにはまず、本書に書かれたさまざまな知見をじっくりと楽しもうではないか。すべての働く人が、いや、すべての生きる人が、本書から何らかのヒントを受け取ったり、何らかのインスピレーションを受けたりして、より幸せなワーク＆ライフを送る未来を願ってやまない。

お幸せに！

1

職場での幸福は重要である

アニー・マッキー
Annie McKee

"Being Happy at Work Matters,"
HBR.ORG, November 14, 2014.

幸福な人ほど有能な働き手である

人々はかつて、こう信じていた。職場で成功するうえで、幸福感はいらない。同僚を好きになる必要もなく、彼らと価値観を共有することさえ不要である、と。「仕事と私事は違う」と考えられていたわけだ。これはナンセンスである。

多数の企業と人々を対象としてきた私の研究、そしてリチャード・デビッドソンやV・S・ラマチャンドランなどの神経科学者、およびショーン・エイカーなどの学者による研究は、ある単純な事実をますます浮き彫りにしている。それは、幸福な人ほど有能な働き手であるということだ。仕事と同僚に対してエンゲージメント（意欲や愛着、一体感など）を持っている人は、より懸命に、そしてより賢明に働くのである。

にもかかわらず、職場へのエンゲージメントを持っていない人の数は憂慮すべきほど多い。二〇一三年にギャラップが発表した報告によれば、アメリカでエンゲージメントを持っている労働者は三〇％にとどまっている。これは、私が研究を通して見てきたことと合致する。職場にしっかりと、「心と頭でコミットしている」人は少ないのだ。

1. Being Happy at Work Matters

あまりに多くの人々が、自分の周囲で何が起きているかを気にもかけていない。彼らは水曜日を「週の真ん中」と考え、ただ金曜日にたどり着くためだけに働いている。そして、ギャラップの同じ報告では、意欲ある二〇%とは対極にあるグループとして、ほぼ五人に一人が、職場を嫌っている(エンゲージメントを拒否している)。彼らはプロジェクトを妨害し、同僚を陥れ、基本的に職場を大きく混乱させているわけだ。

さらに同報告によれば、従業員エンゲージメントの水準は、経済の浮き沈みにかかわらず長年ほぼ変わっていないという。なんと恐ろしいことだろう。人々は仕事にエンゲージメントを持っていないばかりか、その状態が長い間続いているのだ。

職場が嫌いで幸福を感じていない人は、一緒に働いていて気持ちがいい相手ではなく、あまり価値貢献せず、組織(および経済)に著しくマイナスの影響を与える。リーダーがそうである場合は、その態度を他者に伝染させるため、さらに厄介だ。彼らの感情と考え方が、他者の心理状態や仕事ぶりに大きく影響を及ぼすのである。結局のところ、私たちの感情のあり方は、思考のあり方と連動している。つまり、思考は感情に影響し、感情は思考に影響するのだ。

いまこそ、職場において感情は重要ではないという俗説を打破すべき時である。科学が私たちの味方だ。感情、思考、行動の間には、神経学的に明白なつながりがあるのだ。

人は強いネガティブな感情にとらわれると、目隠しされたようになる。すると、意識が苦しみの源泉にばかり（時にはそれのみに）向いてしまう。情報の処理、創造的な思考、適切な判断も妨げられる。不満や怒りやストレスは、私たちの重要な部分、つまり、思考とエンゲージメントを司る部分の機能停止を引き起こす。エンゲージメントの喪失は、自分を包むネガティブな感情に対する自然な、神経学的・心理学的な反応なのだ。

しかし、注意すべきはネガティブな感情だけではない。極端にポジティブな感情も、同様の影響をもたらす。一部の研究によれば、幸福感が大きすぎると、創造性が低下することがある。また、リスクの高い行動に走りかねない（恋に落ちた人が、いかに愚かに振る舞うかを考えてみればよい）。仕事面で言えば、筆者は営業会議や社内激励会の場で狂乱状態になった集団を見たことがある。そうした会議から学びやイノベーションはほとんど生まれない。ましてや大量のアルコールが持ち込まれれば、他にもさまざまな問題が起こる。

職場における心の状態は重要である、という点に同意いただけるとして、ではエンゲージメントを高めて仕事の質を向上させるには、どうすればよいのだろうか。

私を含むテレオス・リーダーシップ・インスティテュートのチームはこの数年間、数十の企業を調査し、数千人にインタビューを実施してきた。感情とエンゲージメントの関連性をめぐる初期の分析結果は、非常に興味深い。出身地、勤務先、職務内容に関係なく、人々が口にする欲求やニーズには、明らかな共通点が見られたのだ。業界や国によってそれらは大きく異なると考えられがちだが、今回の調査結果はその前提に疑問を突きつけている。

インタビュー対象者のほぼ全員が、職場で十分にエンゲージメントと幸福感を得るためにはしいものとして、以下の三つを挙げている。

①将来に向けた有意義な展望

エンゲージメントと幸福感を持つうえで、自社の何が有益または無益か、最も後押しまたは妨げとなるのは何か。この点について調査チームと話した人たちは、展望（ビジョン）に言及した。将来が見通せるようになりたい、自分がそこにどう適合するのかを知りたい、と望んでいるのだ。そして、意図的変革に関するリチャード・ボヤツィスと私たちの共同研究によれば、人が学習し自分を変えるのは、個人的な展望と組織の展望が結びついている時である。不幸なことに、あまりに多くのリーダーが、説得力のある将来展望を描かず、それを従業員の個人的な展望と結びつけようとせず、しっかり伝えてもいない。その結果、人材を失うのだ。

②意義のある目的

人々は、自分の仕事は重要であると感じたい。自分の貢献が、非常に大事な何かを実現する後押しになっていると思いたい。そして、会社の最頂部にいる面々を除けば、株主価値は、興奮とエンゲージメントをかき立てられる有意義な目標ではない。自分と自社は何か壮大な、他の人々にとって重要なことに取り組んでいる——そう信じたいのだ。

③素晴らしい人間関係

「人は組織に加わり、上司から去る」ことはよく知られている。上司との関係がギクシャクしていると、実につらいものだ。同僚との不協和もまた同様である。リーダー、マネジャー、従業員が口をそろえて私たちに語ったところによれば、緊密で信頼と支え合いに基づく人間関係は、自分の精神状態とチームへの貢献意図を大きく左右するという。

以上を総合すると、脳科学および私たちの組織研究は、古い俗説の誤りを実質的に証明している。職場での幸福は重要だ。十分にエンゲージメントを持って働くために必要なのは、展望、意義ある目的、そして共鳴する人間関係である。

職場で自分の価値観に合った働き方、そして素晴らしい人間関係の築き方を見出すのは、個々人がやるべきことだ。そしてリーダーの役割は、従業員が活躍できる環境をつくることである。シンプルかつ現実的な話だ。リーダーは従業員のエンゲージメントを望むならば、展望をどう描くかに注意を払い、個々人の仕事を自社の大局的な目的と結びつけ、他者と共鳴する者には報いればよいのである。

アニー・マッキー（Annie McKee）
ペンシルバニア大学教育大学院シニアフェロー。同校でチーフ・ラーニング・オフィサーを養成するエグゼクティブ博士課程のディレクターを務める。著書に *How to Be Happy at Work*、共著に『EQリーダーシップ』、『実践EQ 人と組織を活かす鉄則』（共に日本経済新聞社）、*Becoming a Resonant Leader* などがある。

幸福の心理学

2

HAPPINESS

ダニエル・ギルバート
Daniel Gilbert

ガーディナー・モース
Gardiner Morse

"The Science Behind the Smile,"
HBR, January-February 2012.

主観的な幸福感を測定することはできるのか

ハーバード大学の心理学部教授であるダニエル・ギルバートは、米国で二〇〇六年に出版されたベストセラー『幸せはいつもちょっと先にある』(注1)によって広く知られる存在である。彼の研究により、自分はどのくらい幸せになれるか（あるいは、惨めになるのか）を想像する際に、誰もが犯す過ちの構造をはじめ、多くの発見がなされている。

HBRシニアエディターのガーディナー・モースが、幸福研究という分野、そしてその最前線について、ギルバートに話を聞いた。

HBR：**幸福に関する研究はこの二〇年でホットな話題になりましたが、なぜでしょうか。**

ギルバート：「人の幸福の性質とはどのようなものか」というのは、いにしえからの疑問の一つですが、それを解明するための最新手法として科学を組み合わせられることに私たちが気づいたのが、つい最近のことだからです。数十年前まで、幸福は、主に哲学者や詩人が取り上げるテーマでした。

心理学者はこれまで、常に感情に関心を持っていましたが、この二〇年でその研究は爆発的に増えました。なかでも心理学者が最も集中的に研究した感情の一つが、幸福でした。最近になって、そこに経済学者と神経科学者が加わりました。

これらの学問の関心は、各々異なりながらも重なり合っています。心理学者は人が何を感じるかを理解すること、経済学者は人が何に価値を置くかを知ること、神経科学者は人の頭脳がどのように報酬に対応するかを理解することを望んでいます。このように、三つの異なる学問において共通するテーマに関心が寄せられたことから、幸福というトピックが科学の領域に入ってきました。

幸福に関する論文が『サイエンス』誌に載り、幸福を研究する学者がノーベル賞を受賞し、世界じゅうの政府が我先にと、国民の幸福度を測定し、その値を高める方法を解明しようとしています。


――幸せという主観的なものが、なぜ測定できるのですか。

主観的な経験を測ることは、思っているよりもずっと簡単です。メガネをつくってもらう時に検眼士がやることと同じです。

検眼士は患者の目の前にレンズを置いて、どう見えるかを尋ね、次々にレンズを替えていきます。患者の報告をデータとして使い、そのデータを科学的な分析対象として、患者の視力にぴったり合ったレンズを設計するのです。すべては、主観的な経験の報告が土台となっているのです。

リアルタイムでの報告は、非常によく実体験に近似するので、研究者は報告者の目で世界を見ることが可能になります。

昨日はどれくらい幸福だったか、明日はどれくらい幸福になるかについてうまく話せなくても、尋ねられたその瞬間にどう感じているかを話すことはできます。「調子はいかがですか」は世界で最もよく聞かれる質問かもしれませんが、そう聞かれて困る人はいません。

幸福を測定する方法はたくさんあります。「たったいま、どのくらい幸せですか」と尋ねて、尺度で言えばどのくらいかを評価してもらうこともできます。

その一方で、ＭＲＩ（磁気共鳴画像）を使って脳の血流量を測定したり、筋電計で顔の「笑筋」の動きを測定したりすることも可能です。

しかしほとんどの場合、それらの測定結果は非常に相関性が高いので、連邦政府でもない限り、複雑で費用の高い方法よりも、単純で安価な方法が好まれます。

――しかし、その尺度自体が主観的なのではありませんか。あなたにとっての五点が、私には六点ということもありうるのではないでしょうか。

薬局が、あまり正確ではない安物の体温計を大量に販売したと仮定しましょう。平熱の人が測っても三七度[注2]にならなかったり、同じ体温の人でもそれぞれ違う値が表示されたりするかもしれません。精度が低いために、無用の治療を求めることや、逆に必要な治療を受けずに終わることにもなりかねません。

体温計が粗悪なことは問題ですが、いつもそうとは限りません。たとえば、私の研究所に一〇〇人を連れてきて、半数の人をインフルエンザ・ウイルスに感染させるとしましょう。

一週間後に、この粗悪な体温計を使って彼らの熱を測れば、ウイルスに感染した人々の平均体温は、ほぼ確実にそれ以外の人々より高くなります。

実際よりも高い温度や低い温度を表示する体温計であったとしても、十分な人数を測ることによって、不正確さは相殺されます。測定器具の精度が低くても、多くのグループを測定すれば、比較は可能なのです。

評価指標は、こうした粗悪な体温計のようなものです。精密さに欠けるので、ある種のものの測定（たとえば、二〇一〇年七月三日の午前一〇時四二分に、ジョンはどのくらい幸福であったかを正確に話すこと）には適しませんが、ほとんどの心理学者が行う類の測定ではまったく問題ありません。

人は、苦境のなかでも幸せを見出す才能がある

――幸福の研究者たちは、どんなことを解き明かしましたか。

研究の多くは、私たちが以前からそうではないかと思っていたことを追認することとなりました。たとえば一般的に、良い恋愛関係にある人は、そうでない人より幸せです。健康な人は病気の人より幸福ですし、教会に祈りに行く人はそうでない人より幸福です。金持ちは貧しい人より幸せです、というように。

とはいえ、意外な発見もいくつかありました。たとえば、いま挙げたような事柄は、すべて人を幸福にするのですが、どれ一つとして、それほど重要でないことに驚かされます。新しい家を買ったり、新しい伴侶に出会ったりすれば、もちろん幸せになりますが、それほどのことではなく、長続きもしません。

結局、人は何が自分を幸福にするのか、またその幸福がどのくらい続くのかを予測することが、あまり得意ではないのです。ポジティブな出来事は実際以上に自分を幸せにするだろうと予想し、ネガティブな出来事は実際以上に自分を不幸にするだろうと予想してしまうのです。

フィールド調査でも、また実験室の研究でも、選挙に勝つか負けるか、恋愛の相手が見つかるかどうか、昇進するかどうか、試験に受かるか落ちるかといったことは、どれも当人が思うほど幸福感に影響しないことが判明しました。

最近の研究では、三カ月以上にわたって影響を与えるような体験は、非常に少ないことがわかりました。

良いことがあると、しばらくは浮かれますが、その後、酔いは醒めます。悪いことがあると、しばらくは泣き言を言い、愚痴をこぼしますが、その後は気を取り直して何とかやっていくのです。

――どのような出来事でも、幸福感に一過性の影響しか与えないのは、なぜなのでしょうか。

その理由の一つは、人間は幸福感をつくり出すこと、つまり、どれほど状況が悪くても光明を見出すのが得意だからです。その結果、どのようなトラウマや悲劇の後でも、本人が予想するよりも幸福になるのです。どの新聞を見ても、その実例はふんだんに見つかるでしょう。

自著の出版をめぐる金銭疑惑でひんしゅくを買って下院議長を辞職したジム・ライトのことを覚えていますか。その数年後、『ニューヨーク・タイムズ』紙に、彼は「肉体的にも、経済的にも、感情的にも、精神的にも、ほぼすべての面ではるかに調子がいい」と語っています。

また、ルイジアナ州の刑務所で三七年を過ごしたモリース・ビッカムは、釈放後に「一瞬たりとも後悔していません。輝かしい経験でしたから」と語りました。この人たちは、「可能世界のなかで最善である」(注3)世界に生きているかのようです。

最善といえば、ビートルズの初代ドラマーだったピート・ベストは、ビートルズが有名になる直前の一九六二年に、リンゴ・スターにその座を譲りました。彼は現在、スタジオ・ミュージシャンです。二〇世紀で最も有名なバンドの一員となるチャンスを逸したことについて、「ビートルズに残るよりも、このほうが私は幸せだ」と語っています。

幸福に関する研究で最も信頼できる発見の一つは、悪いことが起こるたびにあわててセラピストの元に駆けつける必要はないということです。私たちには、物事に対して最善を尽くすことができる驚くべき能力が備わっています。ほとんどの人は、自分で思っている以上に打たれ強いのです。

――それでは自分を欺《あざむ》いていることになりませんか。本物の幸福のほうが、人為的に合成された幸福よりも好ましいのではないでしょうか。

表現に注意してみましょう。ナイロンは偽物ではありません。ただ天然素材ではない、というだけです。人工的な幸福も間違いなく偽物ではありません。人がつくり出したもの、というだけなのです。

人工的な幸福とは、自分がほしいものが得られない時につくり出すものであり、自然発生的な幸福とは実際にそうなった時に体験するものです。起源は異なりますが、感じ方に違いがあるとは限りません。一方が他方より明らかに優れている、というものではないのです。

当然ながら、大部分の人はそのようにはとらえません。人工的な幸福は、もう一方の幸福ほどよくない、幸福をつくり出す人は自分を欺いているだけで、本当は幸福ではないと考える人がほとんどです。

その考えが正しいということを示す証拠を、私は一つとして知りません。失明したり、財産を失ったりしても、その出来事とは別のところに、まったく新しい人生があることに気づくでしょう。

そして、新たな人生にまつわる多くのことがかなり良いものだと気づくことでしょう。実際、いくつかは以前よりも良いことは疑う余地もないほどでしょう。

自分に嘘をついているのでも、だましているわけでもありません。新しい人生が始まるまで知らなかったこと、知りえなかったことを発見しているのです。新しい生活をよりよくするものを探り、それを見つけ出し、そのおかげで幸せになるのです。

科学者として私が最も衝撃を受けたのは、人がそうしたものを見出すのがどれほど上手かということに、ほとんどの人が気づいていないことです。

けっして、「ええ、もちろん。財産を失っても、妻が家を出ていったとしても、いまとまったく同じように幸せでいる方法を見つけてみせるよ」と言うことはないでしょう。しかし、それが真実なのです。

——幸福であることは、常に望ましい状態といえるでしょうか。ベートーベンやゴッホ、ヘミングウェイなどの不幸な天才芸術家のことを考えると、ある程度の不幸が刺激となって優れた業績が導かれたのではないでしょうか。

ナンセンスです。悲惨な生活を送りながらも立派な創作活動を行った歴史上の人物の例は、誰でも思いつきますが、だからといって一般に、不幸な人生が創造性を刺激するということを意味するわけではありません。毎日タバコを二箱吸っても九〇歳まで生きる人はたしかに存在しますが、だからタバコが体に良い、ということにはなりません。

ある論点を明らかにする際に、逸話を用いる場合と、科学を用いる場合の違いを考えるなら、後者の場合、都合のよい話を選ぶだけでは済まされないことです。

事例をすべて検討するか、少なくとも、そこから妥当な標本を抽出して、「不幸ながらも独創的な人は、幸福で独創的な人よりも多いか」「悲惨で独創的でない人は、幸福で独創的でない人よりも多いか」を確認しなければなりません。

もし不幸が独創性を促すとすれば、幸せな人々よりも、悲惨な状況にある人々の間で、独創的な人の比率が高くなるでしょう。しかし、現実にはそうはなりません。

概して、幸福な人のほうがより独創的で生産的なのです。

悲惨さが独創性の源泉となった人がこれまでに存在しなかったかと問うなら、もちろん存在したでしょう。しかし、その人は例外であって、法則であるとは言えません。

――とはいえ、多くのマネジャーは、満ち足りている社員はあまり生産的ではないので、自分の仕事に若干の居心地の悪さ、おそらくは多少の不安感を与え続けたほうがよいと言うのではないでしょうか。

直感に頼るスタイルのマネジャーではなく、データを集めるマネジャーならば、そんなことは言わないはずです。私が知る限り、気をもみ、おびえている社員のほうが独創的かつ生産的であることを示すデータはありません。

いいですか。満足とは、座って壁を見つめていることではありません。それは飽きた時にやることであって、人は飽きることをひどく嫌います。

適度に挑戦しがいがある時、すなわち、困難ではあるが、手が届かなくもない目標を達成しようとしている時に、人は最も幸福であることがわかっています。挑戦と脅威は同じことではありません。人は挑戦を受ければ活気づき、脅かされれば萎縮します。

もちろん、脅かして結果を出させることもできます。「金曜日までにこれができなければ、クビだ」と言えば、おそらく金曜日までにやるでしょう。しかし、それ以降、その人は何としてもあなたの足を引っ張ろうとし、組織に何ら忠誠心を抱かず、やらなければならないこと以上は何もしなくなるでしょう。

「ほとんどの人は、金曜日までにこれをするのは無理だと思うけれど、君ならできると絶対信じているよ。チーム全体にとっても、とても重要なことなんだ」と、部下に告げたほうがずっと効果的です。

心理学者は一世紀にわたって報酬と処罰について研究してきましたが、その結果はこの上なく明瞭です。報酬のほうが効くのです。

――つまり、挑戦は人々を幸福にするのですね。それ以外に、現在、幸福の源泉についてどのようなことがわかっていますか。

幸福の要因に関する科学的な文献のすべてを一言で要約するなら、それは「社会性」でしょう。人間は地球上で最も社会的な種です。アリでさえ人間にはかないません。

誰かの幸福度を予測したいなら、その人の性別、宗教、健康、所得を知る必要はありません。

私が知りたいのは人間関係、すなわち、その人の友人や家族、そして彼らとの絆の強さです。

些細なことの積み重ねが、幸せの糸口となる

——豊かな人間関係以外に、私たちを日々幸福にするものは何ですか。

心理学者のエド・ディーナーの研究成果を、私はとても気に入っています。彼によれば、基本的にポジティブな経験の頻度は、ポジティブな経験の強さよりも、幸福度の予測材料としてはるかに優れているそうです。

どうしたら幸せになれるのかと考えた場合、私たちは強烈なイベント、たとえば映画スターとデートする、ピューリッツァー賞を受賞する、ヨットを買う、といったことを思い浮かべがちです。

ところが、ディーナーとその同僚たちは、その経験がどれほど素晴らしいかは、どれだけ多くの良い経験をしているかほど重要ではないことを証明しました。

毎日、ささやかな良いことが十数回起こる人は、本当に驚くほど素晴らしいことが一回だけ起こる人よりも幸せである可能性が高いのです。

ですから、楽な靴に履き替えたり、奥さんに派手なキスをしたり、フライドポテトを一本こっそりつまみ食いしたりしてみてください。些細なことのように聞こえますし、実際に些細なことです。しかし、その些細なことが大事なのです。

このことは、自分の感情の状態を予想するのがなぜ難しいのかということの説明になると思います。

私たちは、一つか二つの大きな出来事が深い影響を与えると想像しがちですが、幸福は無数の小さな出来事の総和なのです。

幸福を実現するには、ダイエットと同じ取り組み方が必要になります。痩せたい人は一瞬で成果が出る魔法の薬をほしがりますが、そんなものはあるはずがありません。

どうすれば体重が減るかは、私たちははっきりと知っています。食べる量を減らし、もっと運動すること。食べる量を一気に減らしたり、運動量を一気に増やしたりする必要はありません。一貫して続ければよいだけです。そのうちに結果が出てきます。

幸福も同じです。幸福度を高めるためにできることは、わかり切った些細なことで、大して時間もかかりません。ただし、毎日続けて成果が出てくるのを待たなければなりません。

――幸福度を高めるためにできる些細なこととは、どんなものですか。

「食べる量を減らして、もっと運動する」のと同じで、意外なことではありません。主なものとしては、瞑想する、運動する、十分な睡眠を取るというように、いくつかの単純な行動を励行することです。

そして、利他主義を実践することです。他人を助けることは、自分にできる最も利己的なことの一つです。ホームレス用シェルターでボランティアをしてみてください。ホームレスの助けになるかどうかはさておき、ほぼ確実に自分自身の助けになります。

それから、人脈を広げること。週二回、感謝したいことを三つ書き出し、その理由を誰かに話すこと。まるで、おばあさんのお説教のように聞こえますが、おばあさんは賢いのです。幸福の秘訣は減量の秘訣と同じで、秘密などありません。

新しいアプローチを可能にする、テクノロジーの進化

――秘密がないのであれば、これ以上研究する余地はありますか。

疑問は尽きません。心理学者や経済学者は数十年にわたって、「幸せなのは誰か。金持ちか。貧乏人か。若者か。老人か」と問いかけてきました。

私たちにできたことは、せいぜい対象者を分類し、調査を一、二回行い、あるグループはその他のグループよりも、平均して幸福なのかどうかを判断しようとする程度でした。用いるツールもかなり荒削りなものでした。

ところが現在は、無数の人がスマートフォンをポケットに入れて持ち歩いているので、その一瞬ごとに、何をしているか、どう感じているかというデータを、膨大な数の人々から、リアルタイムで収集できるようになりました。これまでは不可能だったことです。

私と一緒に研究を行っているマシュー・キリングスワースは、「トラック・ユア・ハピネス」という経験をサンプリングするアプリケーションを開発しています。彼はiPhoneで

一万五〇〇〇人以上の人々を追跡し、一日に何度も、行動と心の状態を尋ねます。いま、家にいますか、バスに乗っていますか、テレビを観ていますか、お祈りをしていますか、どんな気分ですか、何について考えていますか、と。

キリングスワースはこのテクノロジーを使って、これまで何十年も尋ね続けてきた問いよりも、はるかに優れた問いに対して答えを出し始めています。つまり、どのような人が幸福かと聞くのではなく、どのような時に幸せかと聞けるようになったのです。

ただし、「あなたはいつ幸せですか」という質問に答えてもらうわけではありません。率直に言って、そんなことは誰にもわからないからです。

何日も、何カ月も何年も人々を追跡し、何をしているか、それをしている時にどのくらい幸せかを測定することにより、キリングスワースは回答を得ています。

この種のテクノロジーは、日々の感情と人間の幸福に対する理解を刷新しつつあると、私は考えています（**囲み**「幸福研究の未来」を参照）。

――幸福研究の最先端では、どのようなことが行われていますか。

測定に関して、より具体的になる必要があります。多くの研究者が「幸福を研究している」と言いますが、彼らが測定している内容を調べれば、実際には、うつ病や生活の満足感の研究だと気づくでしょう。もちろん、これらは幸福と関係しますが、同じものではありません。

子どもがいる人は一般的に、一瞬ごとに見ると、子どものいない人ほど幸福ではない、という研究があります。しかし、子どものいる人は、子どものいない人が感じない方法で充足感を抱いているのかもしれません。

子どものいる人のほうが幸せだ、子どものいない人のほうが幸せだ、と言ったところで意味はないのです。どちらのグループもある面では他のグループよりも幸福であり、それ以外の面では幸福ではありません。こんな大まかに幸福像を描くことはやめる必要があります。

——このような研究により、私たちはもっと幸福になれるのでしょうか。

私たちは幸福を最大化させる方法を学んでおり、今後も続けていきます。したがって、答えはイエスです。幸福度を高めるうえで研究は役に立っており、今後もそうであることは間違いありません。

しかし、大きな疑問が残っています。それは、どのような種類の幸福を私たちは望むべきか、ということです。たとえば、幸福な瞬間の平均値をできるだけ高めたいのか、それとも幸福な瞬間の合計値をできるだけ高めたいのか。これら二つは別物です。痛みや苦悩なしに暮らしたいのか、それとも、そのような経験に価値があるのか。

科学はまもなく、私たちが望み通りの人生を送る方法を教えられるようになるでしょう。しかし、どのような種類の人生を送ることを望むべきかについては、けっして教えてくれません。それを決めるのは、私たちです。

ダニエル・ギルバート（Daniel Gilbert）
ハーバード大学心理学部教授。
【聞き手】ガーディナー・モース（Gardiner Morse）
『ハーバード・ビジネス・レビュー』（ＨＢＲ）シニアエディター。

幸福研究の未来

▼マシュー・キリングスワース

何が人を幸福にするかを解明するのは、簡単なことだと考えるかもしれない。

ところが研究者たちは、最近までの長期にわたって、平均的な心の状態についての被験者の報告や、デモグラフィック変数のように調査しやすい幸福の予測因子に依存してこざるをえなかった。その結果、既婚者や富裕者は、未婚者やさほどお金のない人よりも平均的に幸せであると知るようになった。

しかし、結婚していることやお金を持つことの何が、人々を幸福にするのだろうか。

平均的な心の状態に焦点を当てると、その結果として幸福度の短期的な変動がならされてしまい、変動の原因を理解する能力も低下してしまう。たとえば、一日の一瞬ごとの細かな出来事が、その人の幸福にどのように影響するのだろうか。

現在はスマートフォンのおかげで、このような疑問に答えられるようになった。

「トラック・ユア・ハピネス」と呼ばれる、継続中の研究プロジェクトでは、八三カ国の一万五〇〇〇人以上の人を募集し、彼らが普段利用しているデバイスを使って、リアルタイムで心の状態を報告してもらっている。

ユーザーにランダムな間隔で質問を出すiPhone向けアプリを用意し、いまの気分（回答者は「とても悪い」から「とてもよい」までの範囲でスライドさせる）、現在行っている行為（通勤、仕事、運動、食事など、二二の選択肢から選んでもらう）、さらに、生産性のレベル、周囲の環境の性質、睡眠の量と質、人との交流などの要素について尋ねる（図表2-1）。

二〇〇九年以降、五〇万セット以上のデータを収集してきた。これは、私の知る限り、世界初の日常生活における幸福の大規模研究である。

一日の大半、心はさまよっている

この研究から判明した主なこととしては、人間の心は一日のほぼ半分はさまよっており、これが気分を落ち込ませる要因になっている、ということである。

さまよった心が、不愉快なことに向かった場合、たとえ中立的なことに向かった場合でも、幸福度の大幅な低下と直結する。ポジティブなことへと向かう時は、幸福度の上下には影響しない。

心がさまよう量は活動によって大きく異なり、通勤の約六〇%から、おしゃべりや運動の三〇%、セックスの一〇%までと幅広い。しかし、何を行っているにせよ、心が定まらない時には、集中している時よりも、はるかに幸福度は低くなる。

これらすべてから、心を最適な状態にするためには、少なくとも自分の体に対するそれと同程度の注意を、心に対しても注ぐ必要がある、ということがはっきりと示されている。

しかし、ほとんどの人にとって、思考の焦点を定めることは、日常的な計画の一部にはなっていない。

土曜日の朝に目が覚めて、「今日は何をしよう」と考える時、その答えは通常、自分の体をどこに持っていくのか、ということである。たとえば浜辺か、子どものサッカーの練習か、ジョギングに行くか、といったことだが、「今日は、自分の心で何をしようか」とも問いかけるべきである。

就業中に心がさまようと、生産性は低下する

関連する一連の研究では、さまよう心と生産性の関係が検討されている。多くのマネジャー、特に創造的な知識作業を行う部下を持つマネジャーは、ある程度の白昼夢はよいことで、精神的な休憩となり、おそらくは業務関連のことの思案につながるだろうと感じているかもしれない。

残念ながら、これまでのデータによると、業務中に心がさまよえば、幸福度が低くなるだけでなく、生産性も低下することが示されている。

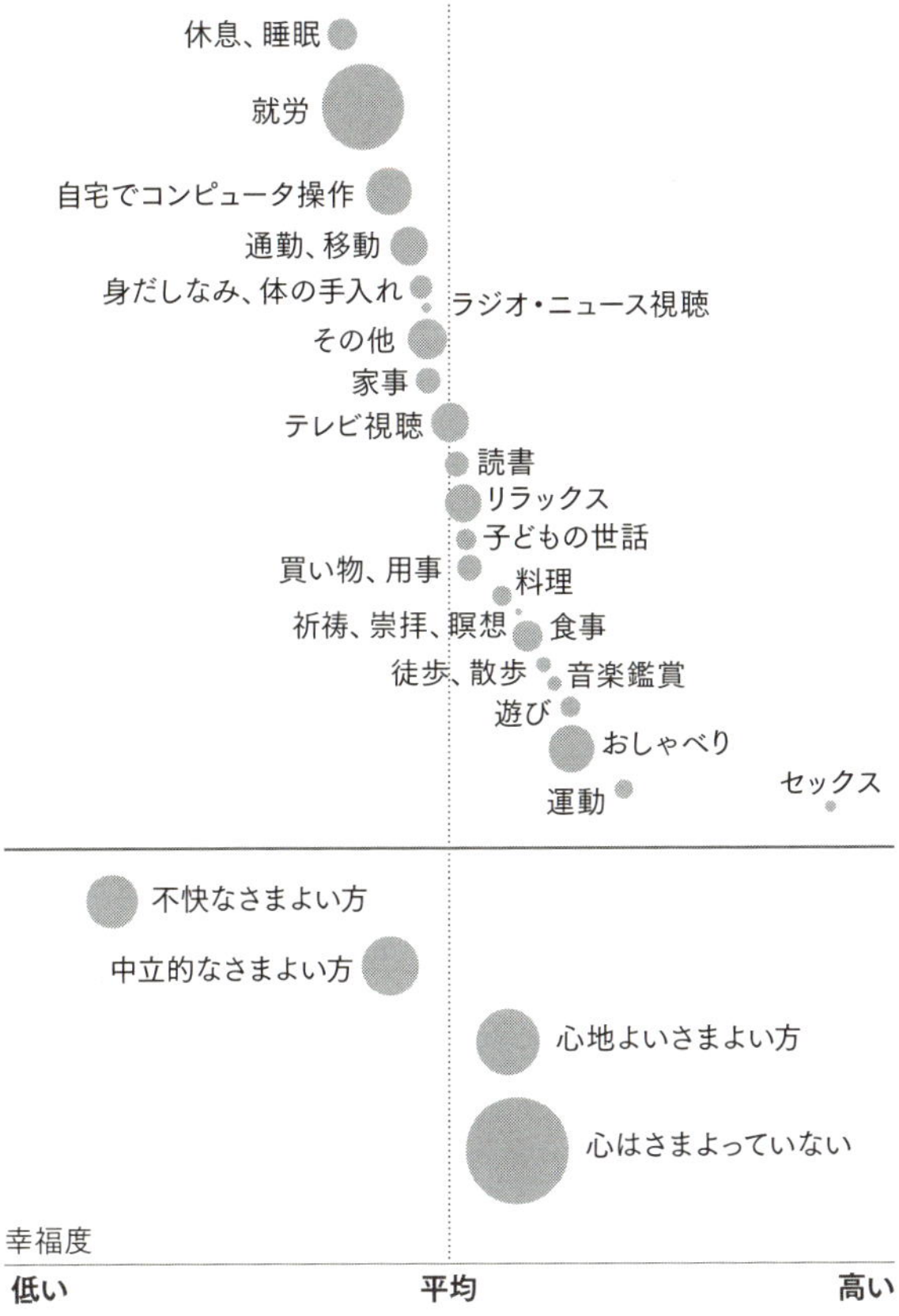

図表2 1 **集中する心は幸せな心**

調査の参加者に対して、22の活動を行う間の気分と、心のさまよい方について尋ねた。図中の円は、活動と考えていたことを示している。円の位置が右になるほど、回答者は平均的により幸福である。円の面積が大きいほど、頻繁にその活動や思考状態にあったことを示す。

また、従業員の心は、マネジャーが想像する以上に、ほかのことに逸れている。それは就業時間の約五〇%に上り、ほぼ必ず個人的な関心事へと脱線している。マネジャーとしては、部下のためにも、会社のためにも、部下が集中を続けやすい方法を探りたくなるだろう。

このデータからは、個人のなかでの幸福度の変動や、幸福度の個人差についても、実態が明らかになりつつある。最も顕著な発見は、幸福は個人の差よりも、一瞬ごとの差のほうが大きいことである。

このことが示唆するのは、幸福の主な原動力となるのは、どこに住んでいるか、既婚か未婚かというような、生活上の固定的な状況ではないことである。いちばん重要なのは、日々の小さな事柄かもしれない。

職場における幸福もまた、高い給料や肩書きなど幸福を促進すると考えられてきた固定的な状態よりも、一瞬ごとの経験、たとえば、同僚とのいつもの会話、携わっているプロジェクト、日々の貢献などによって大きく左右される可能性があることを示唆している。

現在および今後の私の研究で優先して取り組みたいことは、職場でこの追跡技術を活用することであり、少なくとも、何が実際に社員を幸福にさせるのかを解明していきたい。

3

「否定的な感情がない」ことが「幸福」ではない

ジェニファー・モス
Jennifer Moss

"Happiness Isn't the Absence of Negative Feelings,"
HBR.ORG, August 20, 2015.

ある日、私の世界が傾いた

幸福というものは、なんともとらえどころがない。霧に似て、遠くからなら見えるし、密度も形もあるのだが、近づくと四方に散らばり、手を伸ばせば届くのにつかむことができない。

私たちは躍起になって幸福を追い求めるが、少し考えれば、幸福の追求とは、追いつける保証のないものを追いかけていることだとわかる。

〝あの事〟が起こるまでの私は、ひたすら不器用に幸福を追いかけていた。当時、夫のジムと私は、二歳になる息子とお腹の赤ちゃんと一緒にカリフォルニア州サンノゼに住んでいた。はた目にはバラ色の人生だっただろう。でも、私には喜びがなかった。悲しい気持ちになる自分に、いつも罪悪感を抱いていた。私にとって、思えば恥ずかしいことだが、自分を悩ませる問題だけが世界のすべてだったのである。

そして二〇〇九年九月、〝あの事〟が起こって私の世界が傾いた。夫が重い病気にかかったのだ。免疫システムの損傷が引き起こす豚インフルエンザ（H1N1）とウエストナイル熱（NOS）、そしてギラン・バレー症候群（GBS）という診断が下された。

ジムは死ぬ心配はしなかったが、私は心配でならなかった。

病気が快方に向かっていると言われた時、ジムがこの重要な戦いに勝ったことに私たちは安堵した。しかし、しばらくは歩けないだろう、おそらく一年かそれ以上、と言われて、安堵は心配に変わった。そんなことになれば、プロのラクロス・プレーヤーであるジムの選手生命が終わることは目に見えている。見えないのは、医療費の捻出方法であり、ジムが子育てにどの程度エネルギーを注げるかだった。

赤ちゃんが生まれるまでの一〇週間、私にはあれこれ考える時間の余裕はなかった。一方、ジムには時間だけがあった。人生でもラクロスのフィールドでも速く動くことに慣れていた彼にとって、病院での数分は何時間にも感じられた。彼は理学療法と作業療法で忙しかったが、心理面のサポートも必要としていた。

彼はSNSでつながっている人々に病状を報告し、精神的な癒やしに役立つ助言を求めた。すると大勢の人からアドバイスが届いた。ベッドサイドに届く本やオーディオテープには、送り主が逆境を跳ね返すうえで、その内容がどれほど役立ったかということが書き添えられていた。

ジムはトニー・ロビンズやオプラ・ウィンフリーが書いたモチベーション本を読み、ジル・ボルト・テイラーが脳損傷の影響について話した「奇跡の脳」のようなＴＥＤトークを見て病院での日々を過ごした。ディーパック・チョプラやダライ・ラマによるスピリチュアル本も読んだし、マーティン・セリグマンやショーン・アコル、ソーニャ・リュボミアスキーといった研究者が書いた、幸福感や感謝についての研究論文にも目を通した。

すると、それらすべてに繰り返し現れるテーマがあった――感謝である。科学的議論のなかにも、さまざまな実話のなかにも、人々を成功へと導いた原動力のなかにも感謝があった。

そこでジムは感謝の気持ちを日記に書き始めた。とにかく感謝した――病床のシーツを交換してくれた人に、温かい夕食を整えてくれた家族に、励ましてくれる看護師に、そしてプライベートな時間を割いてリハビリの時間を延長してくれたチームに感謝した。リハビリ・チームの人たちはジムに、あなたがいつも感謝してくれるから、ちょっとおまけしただけですよ、と言ってくれた。

ジムは私に、病気との闘いに加わってほしいと頼んだ。もちろん、私は夫が治るのを助けたいと心から願っていたし、彼のつらい思いを見ていたので、病室がポジティブな空気で満たされるよう精一杯頑張った。いつも最善を尽くせたわけではない。思い切り泣けないことに憤り《いきどお》を覚えた日もあった。しかし、やがて彼の容態は見る見る改善されていった。私たちの闘病は常に同じ道筋をたどったわけではないが、ともかく結果が出始めた。病から解放される時が近づきつつあった。

夫が倒れて私は不安におののいたが、ジムは救急車で緊急治療室に運び込まれてからわずか六週間後に、松葉杖を突いて退院した（彼は車椅子を頑として受け入れなかった）。私たち二人は、この回復には幸運以上の何かがあるに違いないと思ったものだ。

ジムが闘病の初期に読んで影響を受けた本の一つは、心理学者でありアメリカ心理学会の元会長であるマーティン・セリグマン博士が書いた『ポジティブ心理学の挑戦』だった。セリグマンは、世界中のポジティブ心理学研究の基礎とも言える「ＰＥＲＭＡ」について説明していた。頭字語は、持続的な満足に不可欠な五つの要素を表している。

- **ポジティブな感情**（Ｐ）：安らぎ、感謝、満足、喜び、インスピレーション、希望、好奇心、愛などの感情。

- **エンゲージメント（E）**：タスクやプロジェクトに没頭すると、我を忘れ、いつの間にか時間が経っているという経験をすることがある。
- **関係（R）**：他者と有意義で肯定的な関係を持つ人は、そうでない人よりも幸福である。
- **意味（M）**：自分のためではなく価値ある理念のために行動するときに、私たちは自らの存在に意味を感じることができる。誰もが人生の意味を必要としており、宗教も理念も人が人として生きることを何らかの形で助けている。
- **達成・業績（A）**：満足のいく人生のためには、よりよい自分になるために何らかの努力を続ける必要がある。

私たちはこれら五つの信条を、ゆっくりと生活のなかに取り入れていった。ジムは神経科学を研究するためにウィルフリッド・ローリエ大学に復学した。幸福の追求について学んだことを他の人に伝えるため、私たちはすぐにプラスティシティ・ラボ（可塑性研究所）という会社を立ち上げた。私たちの生活には共感、感謝、意味が生まれ、それまで私を悩ませていた悲しい気分は消えてなくなった。

幸福は誤解されている

このような体験をした私なので、ポジティブ心理学に向けられている昨今の懐疑的な眼差しを見ると、それが自分に向けられているように感じてしまう。批判する人々は、感謝することに何か問題があるとでも言うのだろうか。関係を築こうとすることに、意味を求めることに、希望を持つことに何か問題があると言うのだろうか。

おそらく問題の一部は、ポップカルチャーやメディアを通して幸福が単純化されてしまっていることにある。単純化によって、証明されていない重要なものが切り捨てられている。ラボの博士研究員で、社会心理学が専門のヴァネッサ・ブエットから届いたメールには、次のように書かれていた。

「幸福についての誤解の一つは、いつも陽気で、喜び、満足しているのが幸福な人だという考えです。いつも笑顔でいる人が幸福な人だと考えられているのです。でも、そんなことはありません。悪い事態のなかに良いことを見出し、悪い事態を別の見方で見るような生き方によって実現するのが幸せで豊かな人生だと思うのです。ハーバード大学の研究者ジョルディ・クォドバックによる『感情多様性と感情エコシステム』と題する最近の研究で、ポジティブなものもネガティブなものも含めて幅広い感情を経験することが心身両面の満足感につながっていることが明らかになっています」

つまり、私たちは幸福とは何であるかを誤解しているだけでなく、間違った方法でそれを追い求める傾向があるようだ。企業トレーナーであり、HBRに「ポジティブ・インテリジェンス」という論文を発表した研究者でもあるショーン・アコルは、ほとんどの人が幸福について間違った考え方をしていると述べている。「幸福ビジネスが犯している最大の考え違いは、幸福を手段ではなく目的にして、望みのものを得たら幸せになれると考えていることだ。しかし実際の脳の働きは逆で、目標を達成してしまうと幸福感が低減することが判明している」

ブエットもその考えに同意して、次のように述べている。「私たちは〝幸福であること〟を最終的なゴールと見なしがちですが、本当に重要なのはそこに至るプロセスであることを忘れています。何をしている時がいちばん幸せかを発見し、その活動に定期的に関わることで、私たちは充実した人生を送ることができるのです」

言い換えれば、幸福を追い求めている限り、幸せになれないということだ。幸せになれるのは、幸せになりたいという思いを忘れている時だ。やりがいのある仕事に没頭してその瞬間を楽しんでいる時、高い目標を目指して努力している時、助けを必要としている人のために働いている時、私たちは最高の幸せを感じることができる。

健全なポジティブ思考は、真の感情を別の何かで塗りつぶすものではない。困難や苦しみがなければ幸福なのではなく、逆境を跳ね返す能力のなかに幸福がある。幸福は喜びや恍惚感とも違う。幸福は充足感や満足感、そしてさまざまな幅広い感情を味わえる心の柔らかさのなかに存在するのである。

ジムと私が立ち上げたプラスティシティ・ラボには、不安や抑うつを抱えているスタッフがいる。PTSD（心的外傷後ストレス障害）を経験した人もいる。家族が重度のメンタル障害に苦しんでいる人もいる。私たちはそうしたことをオープンに分かち合っている。もちろん分かち合わなくてもかまわない。私たちは状況に応じて、ともに悲しむことによって（あるいはともに笑うことによって）涙する職場の仲間を支えている。

今日、おそらく〝新たな視点〟を求めてのことだろうが、幸福は有害だとさえ主張する人がいる。メンタルや感情を整えるためのエクササイズのポイントは、無理やり笑顔をつくることでも、問題が消え去ることを願うことでもなく、ストレスの原因をより弾力的に扱う方法を学ぶところにある。トレーニングせずにマラソンを走ることができないように、プロセス抜きに幸福をつかむことはできない。

病院でジムと過ごしながら、私は彼が変わるのを見た。その変化は、最初はかすかなものだったが、やがて一気に表れた。その時、私は感謝と幸福が贈り物をくれたことに気づいた。私にジムが与えられた、と。幸福は有害と考えているような人にはこう言おう——私の前でそれを言える？

ジェニファー・モス（Jennifer Moss）
プラスティシティ・ラボ（可塑性研究所）共同創設者、チーフ・コミュニケーション・オフィサー（CCO）。同ラボは幸福と成果をつかむ方法を一〇億人に提供するというミッションを掲げる技術系スタートアップ。リーダーシップと公共サービスの分野での業績に対してオバマ大統領より全米公共サービス賞を、国際的女性起業家としての活躍に対してスティービー賞を授与された。https://plasticitylabs.com/

4

インナーワークライフの質を高める「進捗の法則」

テレサ・アマビール
Teresa Amabile
スティーブン・クレイマー
Steven Kramer

"The Power of Small Wins,"
HBR, May 2011.

仕事のモチベーションはどこにあるか

組織にイノベーションを生み出す仕事を後押しする最善の方法は何か。重要なヒントは、世界的に有名なイノベーションの物語に隠されている。

実は、ほとんどのマネジャーが気づいていないが、日々の仕事に高い生産性が要求される知識労働者、すなわち、一般の科学者、マーケター、プログラマーたちは、高名なイノベーターたちと多くの共通点があることが明らかになっている。感情に火をつけ、やる気を促し、知覚を刺激する仕事上の出来事というものは、どちらも基本的に同じである。

DNA構造の発見をめぐるジェームス・ワトソンの回顧録『二重らせん』(注1)では、彼とフランシス・クリックがノーベル賞につながる研究の進展と挫折を通じて経験した感情の揺れ動きが描かれている。

DNAモデル構築の最初の試みに気持ちを高ぶらせたワトソンとクリックだったが、その後、二人はいくつかの重大な不備に気づいた。ワトソンは、「モデルと格闘した最初の頃は、(中略)楽しい時間ではなかった」と記している。そして、その夜、「あるイメージが浮かんで、私たちは元気を取り戻した」というのである。しかし、彼らの「大発見」を同僚たちに示したところ、そのモデルは機能しないことがわかった。そこからは、疑念とやる気の減退にさいなまれる日々が続く。

二人がついに正真正銘の大発見を成し遂げ、同僚がそこに何の欠陥も見出さなかった時のことを、ワトソンは「やっと難問の答えが見つかったと思い、私のやる気は急上昇した」と書いた。この成功に気をよくしたワトソンとクリックは、ほとんど研究室に閉じこもって研究を完成させようとした。

この間、二人の気持ちを常に左右したのは、研究の進捗《しんちょく》（または進捗のなさ）である。企業内での創造的な仕事に関する最近の研究で、私たちはこれとそっくりな現象を発見した。知識労働者たちがつけた日誌を詳しく分析することで明らかになったのが、「進捗の法則」である。すなわち、仕事中に「感情」「モチベーション」「認識」を高める可能性があるすべての要素のうち、最も重要なのは「有意義な仕事の進捗を図る」ことである。

そして人々は、そのような進捗を感じる頻度が増えれば増えるほど、創造的な仕事の生産性を長期的に高めやすくなる。科学上の大きな謎を解こうとしているにせよ、ひたすら質の高い製品やサービスを生み出そうとしているにせよ、日々の進捗（小さな成功でもかまわない）は人々の感じ方や行動を大きく変えることができる。

進捗の力は人間の本質に欠かせないものだが、ほとんどのマネジャーはそれを理解しておらず、進捗をテコにしてやる気を高める方法も知らない。

実際、仕事のモチベーションは長い間、議論の的になっている。調査のなかで「社員の意欲を高めるカギは何か」について尋ねたところ、「優れた仕事に対する評価」が最も重要であると言うマネジャーもいれば、「目に見えるインセンティブ」を重視するマネジャーもいた。「対人関係の支援」の必要性を重んじる者もいれば、「明確な目標」が重要だと考える者もいた。興味深いことに、調査対象のマネジャーのなかで「進捗」を一番目に挙げたのはごくわずかだった（**囲み**「マネジャーにとっての意外な事実」を参照）。

もしあなたがマネジャーなら、進捗の法則は、どこに労力を集中させればよいかの明確なヒントになる。あなたは自分が認識している以上に、従業員満足、モチベーション、創造的アウトプットに対する影響力を持っているはずである。進捗を促すものは何か、進捗を阻むものは何かについて知ることが、社員やその仕事の効果的なマネジメントに重要であることが明らかになっている。

本稿では、進捗の力と、マネジャーがこれをどう利用すればよいかについて、私たちが知りえたことを提案する。そして、進捗を重視するマネジメント行動とは具体的にどのようなものかを説明し、その行動を習慣づけるためのチェックリストを提供する。

なぜそれらの行動が有効なのかを理解するため、まず、研究内容と、知識労働者の日誌が明かす「インナーワークライフ」（個人的職務経験）の実情を紹介する。

インナーワークライフの質を高める

私たちは一五年近く、組織のなかで複雑な仕事をする人たちの心理的経験とパフォーマンスについて調べてきた。早い段階でわかったのは、創造的な仕事の生産性を促すのは、主として職場におけるその人のインナーワークライフ（感情、モチベーション、認識の相互作用）の質だということである。

社員が満足を感じているか。仕事への内発的興味（自らの内に自然と生じる興味）により、やる気になっているか。組織や経営陣、チーム、仕事、自分自身を前向きにとらえているか。これらが組み合わさって、彼らにより高いレベルの成果を出させたり、反対にその足を引っ張ったりする。

そのような内部力学をよりよく理解するため、さまざまなプロジェクトチームのメンバーに、平均四カ月のプロジェクト期間中、一日の終わりにeメール調査に回答してもらった。(注2)

調査対象となったプロジェクトはいずれも創造性を必要とするもので、たとえば台所用品の開発、掃除用具の製品ライン管理、ホテルグループの複雑なIT問題の解決などである。毎日のeメール調査では、参加者の感情や気分、モチベーションのレベル、その日の職場環境に関する認識のほか、どのような仕事をしたか、どのような出来事が心に残ったかを尋ねた。

七社の二六のプロジェクトチームから計二三八人が参加し、書かれた日誌の数は全部で一万二〇〇〇近くに上った。当然、各人にとって、良いこともあれば悪いこともあった。目標としたのは、インナーワークライフの状態を知り、最高レベルの創造的アウトプットと相関する仕事上の出来事を見つけることである。

精神的な圧力や恐怖が成果を促すという俗説とは正反対に、少なくとも知識労働の分野では、インナーワークライフがプラス方向の時、つまり満足を覚え、仕事そのものに意欲を持ち、所属する組織や同僚のことを前向きにとらえている時に、創造性と生産性が高まることがわかった。また、そのようなプラスの状態では、人は仕事への責任感が高まり、周囲の人にもっと平等に接するようになる。

インナーワークライフは日々変化するし、時に激変する。そしてパフォーマンスもそれとともに変動する。ある日のインナーワークライフがその日のパフォーマンスを左右し、場合によっては翌日のパフォーマンスにも影響する。

この「インナーワークライフ効果」が明らかになると、次なる問いは、マネジメント行動によってこれを機能させることができるのか、できるとすればどうすればよいのか、というものであった。

どのような出来事がプラスまたはマイナスの感情、モチベーション、認識を生じさせるのか。その答えは、調査に参加してくれた人たちの日誌のなかに隠されていた。

インナーワークライフにプラスまたはマイナスに働くと予測できる誘因があり、個人による違いを加味しても、それらの誘因は誰にとってもほぼ同様だったのである。

最良の日をもたらす「進捗の法則」

インナーワークライフの誘因を探ることで、我々は進捗の法則にたどり着くことができた。参加者の全体的な気分、具体的な感情、モチベーションのレベルをもとに、彼らにとって最良の日と最悪の日を比べたところ、「最良の日」をもたらす一番の出来事は、個人やチームの仕事の進捗であることがわかった。「最悪の日」をもたらす一番の出来事は、仕事の挫折や後退だった。

たとえば、インナーワークライフの構成要素の一つである「全体的な気分」と進捗との関係を考えてみよう。

最も気分がよい日のうち、仕事の進展があったのは七六％。反対に、最も気分がよい日のうち、仕事の挫折があったのは一三％にすぎない（**図表4-1**）。

最も気分がよい日に起こりやすいインナーワークライフの誘因は、他にも二種類ある。「触媒」（他者や職場からの援助など、仕事を直接支援する行為）と、「栄養分」（敬意の表明、激励の言葉などの出来事）である。しかし、それぞれにはその反対の誘因もある。「阻害剤」（仕

図表4-1　**気分がよい日・悪い日には何が起こったか**

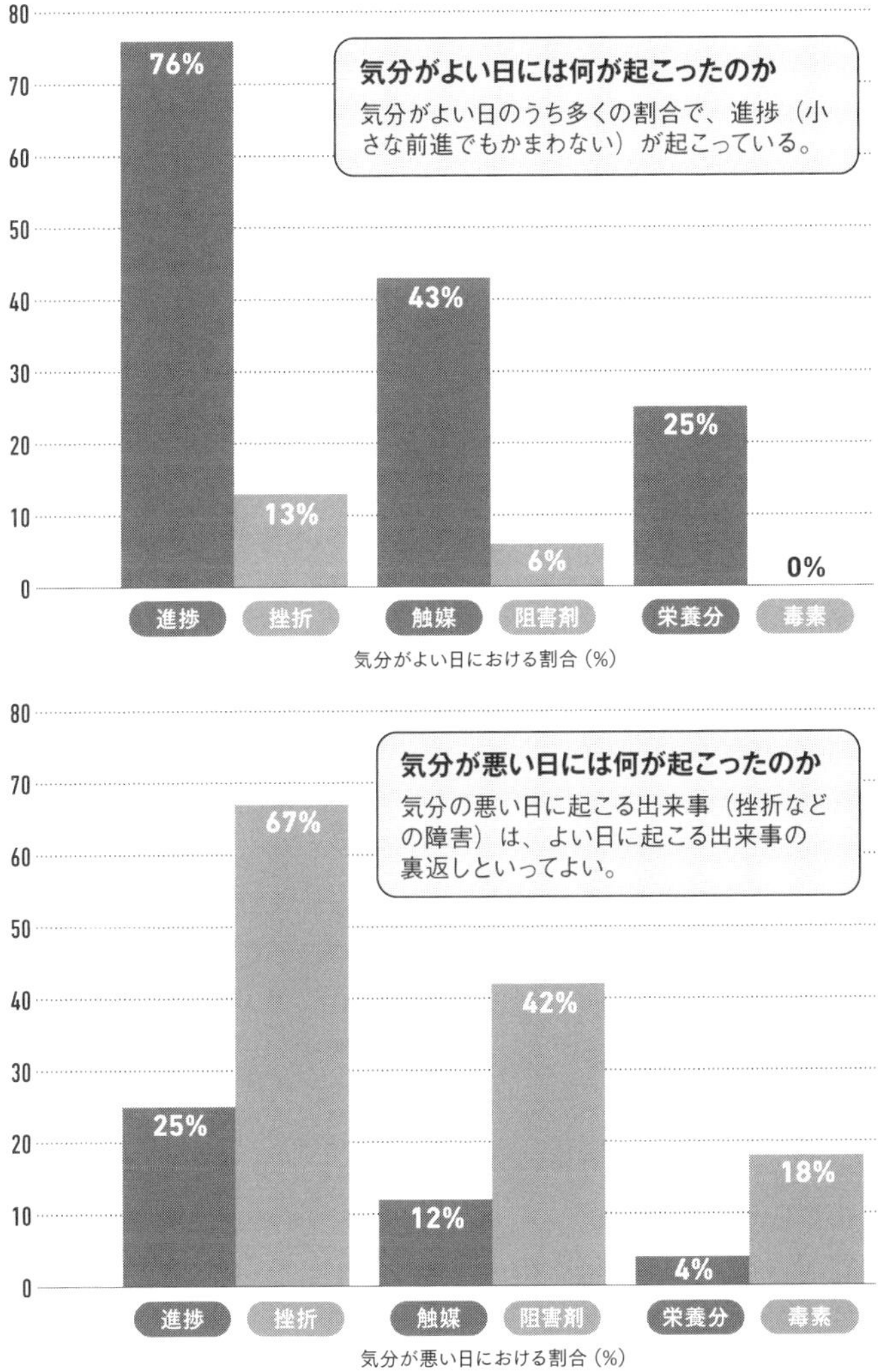

事を支援しない、あるいは積極的に妨害する行為）と、「毒素」（気持ちをくじく出来事）である。

触媒と阻害剤はプロジェクトが対象であり、栄養分と毒素は人が対象である。仕事の挫折と同じく、阻害剤と毒素はインナーワークライフが順調な日にはめったに生じない。

最も気分が悪い日の出来事は、最も気分がよい日の出来事の裏返しといってよい。気分が悪い日に多いのは仕事の挫折で、六七％の割合で起こっている。仕事の進捗があったのは二五％にすぎない。気分が悪い日には阻害剤と毒素も多く、逆に触媒と栄養分は少なかった。

進捗の法則をわかりやすく表現すると、次のようになる。ある人が一日の終わりにやる気と満足を感じていたら、きっとその人には何か進捗があったのだ。ぼんやりとつまらなそうに重い足取りで職場から出てきたら、仕事がはかどらなかった可能性が最も高い。

参加者が書いた一万二〇〇〇の日誌をすべて分析したところ、進捗と挫折はインナーワークライフの三つの側面すべてに影響することがわかった。進捗があった日は、参加者はプラスの「感情」を報告していた。一般的に気持ちが明るくなるだけでなく、喜びや思いやり、誇りも増していた。挫折があった日は、欲求不満が高まり、不安や悲しみが増した。

「モチベーション」も影響を受けた。進捗があった日は、人々は仕事そのものへの関心や喜びを通じて内発的動機（好奇心や関心など、その個人の欲求によって生じる動機）を得ていた。挫折があった日は、内発的動機が弱いだけでなく、他人から認めてもらうという外発的動機（規則、金銭的インセンティブ、指示や命令によって生じる動機）も弱かった。どうやら仕事上で挫折すると、人は無力感を覚え、仕事をする気が失せるようである。

「認識」についても、多くの点で日々異なっていた。進捗があった日には、人々は仕事に前向きなやりがいを感じていた。自分たちのチームは協力的であると考え、チームと上司の関係も良好であると答えた。多くの面で、参加者が挫折に直面すると、認識はよくない傾向を示した。仕事に前向きなやりがいをあまり感じず、仕事をするうえでの自由が少ないと考え、資源が不十分だと答えた。挫折があった日は、チームも上司もあまり協力的ではないと感じた。

たしかに、これらの分析は相関関係を明らかにするが、因果関係を証明するものではない。前述のインナーワークライフの変化は進捗や挫折の結果だったのか、それとも原因と結果が逆なのか。数字だけではわからない。

だが、一万余りの日誌を読んで明らかになったことがある。それは、前向きの認識、達成感、満足感、幸福感、そして場合によっては高揚感が、進捗の後に生じるということである。

進捗の後に書かれた典型的な文面を紹介しよう。あるプログラマーの記述である。「ほぼ一週間悩まされてきたバグをついに退治しました。他の人には他愛もない出来事なのでしょうが、私はとても退屈な生活を送っているので、もう大興奮です」

同様に、認識の悪化、フラストレーション、悲しみ、場合によっては嫌悪感が、挫折の後にたびたび生じることもわかった。

ある製品のマーケティング担当者は次のように書いている。「時間をかけてコスト削減プロジェクトのリストを更新しましたが、すべての数字を集計しても、まだ目標に達していません。あれだけ手間暇をかけたのに目標に到達できないなんて、がっかりです」

因果関係が双方向で成り立つのは、ほぼ間違いない。マネジャーはこの進捗とインナーワークライフとのフィードバックループを利用して、その両者を支援することができる。

小さなマイルストーンを設定する

進捗について考える時、私たちはしばしば、長期的目標を達成したり、大躍進を遂げたりすると気持ちがよいだろうと想像する。もちろん、このような大きな成功は素晴らしいものだが、比較的まれである。幸い、小さな成功であってもインナーワークライフを大いに高めることができる。実際、調査の参加者が報告した進捗の多くは、ごくわずかな前進にすぎない。しかし、とてつもなく前向きな反応をたびたび引き起こした。

あるハイテク企業のプログラマーの日誌を見てみよう。その日の感情、モチベーション、認識に関する彼女の自己評価は非常に高かった。「なぜそれが正常に機能しないのかがわかりました。ほっとしたと同時に満足です。ちょっとした節目になりましたから」

ごく平凡な少しずつの進捗でも、仕事へのやる気や仕事上の満足感を高めることができる。参加者が報告したさまざまな出来事を見ると、プロジェクトへの影響が小さかった出来事のうちかなりの割合（二八％）が、そのプロジェクトに関する人々の感じ方に大きな影響を与えている。

インナーワークライフは創造性や生産性にそれほど強い影響を及ぼす。また、多くの人たちが、少しずつだが着実に前進することで、より優れたやり方で仕事を行えるようになる。したがって、気づかれずに終わるような進捗が、組織のパフォーマンス全体にとってはきわめて重要なのである。

残念ながら、その逆も言える。わずかな損失や挫折がインナーワークライフに大きなマイナスの影響を及ぼすことがある。それどころか、私たちの調査を含むさまざまな研究では、マイナスの出来事はプラスの出来事よりも影響力が強いことが示されている。したがってマネジャーは、日々のやっかいな出来事をできるだけ減らすことが特に重要である。

「有意義な仕事」の進捗を促す

目標に少しずつ近づくことができれば社員は満足すると述べた。ただし、その前に申し上げたことを思い出してほしい。モチベーションを高めるためのカギは、「有意義な仕事」の進捗を支援することである。前進はインナーワークライフにとってプラスだが、それはその仕事が自分にとって重要な場合に限られる。

これまでで最も退屈だった仕事を考えてみよう。多くの人は一〇代の頃に初めての仕事を経験する。レストランでの鍋洗いだったり、美術館でコートを預かる係だったりするだろう。そのような仕事では、進捗の力も当てにならない。どれだけ一生懸命働いても、洗う鍋や預かるコートが尽きることはない。達成感が生まれるのは、一日の終わりにタイムカードを押したり、一週間の終わりに給料をもらったりする時だけである。

調査の参加者が携わっていたような、もっとやりがいや創造性の余地がある仕事においても、単なる遂行、すなわち、業務を完了するだけで、良好なインナーワークライフが保証されるわけではない。

あなたも、この残念な事実を仕事のうえで経験されたことがあるかもしれない。プロジェクトなどで一生懸命働いて仕事を終えたのに、やる気が出ず、評価されず、欲求不満がたまるという経験である。

考えられる原因は、やり終えたその仕事をあなたが重要視していないことである。進捗の法則が働くには、仕事がそれをする人にとって有意義なものでなければならない。

一九八三年、スティーブ・ジョブズはジョン・スカリーを、ペプシコでの輝かしいキャリアを捨ててアップルの新しいCEOになるよう、口説いた。ジョブズは「このまま一生、砂糖水を売っていたいですか。それとも世界を変えるチャンスを手にしたいですか」と尋ねたという。

これは非常に強い心理的な力を利用した言葉である。つまり、人間には有意義な仕事をしたいという根深い欲求がある。幸い、有意義な仕事とは、一般大衆に最初のＰＣを普及させることでなくてもよいし、貧困の軽減や、がんの治療促進でなくてもよい。社会にとっての重要性がそこまで高くない仕事でも、働き手にとって重要な何か、もしくは誰かに価値を提供することができれば、十分意義がある。

それは、顧客のために高品質で役に立つ製品をつくることでもかまわないし、地域社会に真のサービスを提供することでもかまわない。同僚を支援することでもかまわないし、生産プロセスの非効率を減らして会社の利益を増やすことでもかまわない。

目標が高かろうが控えめであろうが、それが仕事をする人にとって有意義である限り、またその人の努力がそれにどう貢献するかがはっきりしている限り、目標へ向けての進捗は、インナーワークライフを活性化できる。

原則として、マネジャーは仕事に意義を持たせるために特別の努力を払う必要はない。近代組織の仕事は、そのほとんどが担当者にとって潜在的に有意義である。しかしマネジャーは、社員に「あなたの仕事は役立っている」と知らせることはできる。そして、これが最も重要なことだが、仕事の価値を否定するような行動を避けることもできる（**図表4－2**）。

調査の参加者がしていた仕事はどれも有意義なはずだった。鍋を洗ったりコートを預かったりしている者は誰もいなかった。ところが、驚くほど多くの場面で、本来は重要でやりがいのあるはずの仕事が、人の意欲を鼓舞する力を失っていたのである。

触媒と栄養分が進捗を支援する

社員がやる気と責任感を持ち、満足するために、マネジャーは何をすればよいか。どうすれば労働者の日々の進捗を支援できるか。「進捗への支援」以外に、「最良の日」によく見られる誘因である触媒と栄養分を提供すればよい。

触媒は、仕事を後押しする行動である。たとえば、明確な目標を定める、自主性を認める、十分な資源や時間を提供する、仕事を手伝う、問題や成功から率直に学ぶ、アイデアの自由な交換を認めるなどである。その反対の阻害剤の例は、支援を提供しない、仕事に干渉するなど創造的なプロジェクトチームの一員であった238人の知識労働者の日誌からわかったことは、マネジャーが知らず知らずのうちに仕事の意義を失わせてしまうケースには次の4種類がある。

1 社員の仕事やアイデアの重要性を顧みない。

ある化学会社の上級検査技師リチャードのケースを考えてみよう。彼は、新製品開発チームが技術上の複雑な問題を解決するのを手助けすることに、意義を見出していた。ところが、3週間にわたってミーティングを重ねるうち、リーダーがリチャードやメンバーの提言に取り合わないことがわかった。その結果、リチャードは自分が大した貢献をしていないと思い、気力が削がれた。しかし最終的には、自分はプロジェクトの成功にやはり貢献しているのだと思うことができ、大いに気をよくした。

「今日のチームミーティングでは、ずいぶん気分がよくなりました。私の意見や情報がプロジェクトにとって重要だと感じましたし、我々がある程度進捗したことも感じられました」

2 仕事に対する社員の当事者意識を失わせる。

突然の配置転換を繰り返すと、このようになりやすい。ある大手消費財メーカーでは、製品開発チームのメンバーが何度もこのような目に遭った。メンバーの一人、ブルースは次のように書いている。

「いくつかのプロジェクトを後任に引き継いで思うのは、本当は途中でやめたくないということです。特に、そのプロジェクトに最初から関わって、もうすぐ終わりそうだという場合は――。当事者意識がなくなってしまいます。うちはこういうことが多すぎます」

図表4-2 **仕事が意義を失う時**

3 いまの仕事が日の目を見ることはないだろうというメッセージを発する。

優先順位を変えたり、仕事のやり方を変更したりすると、無意識のうちにこうしたメッセージを伝えてしまうことがある。あるインターネット関連企業では後者のケースがあった。ユーザー・インターフェースの開発担当者バートは、それまで何週間もかけて、非英語圏ユーザー向けのシームレス・トランジションを設計していた。当然、突然の変更について記した日のバートの気分は最悪だった。

「チームミーティングで、インターナショナル・インターフェースの別の対応策が提示されました。僕がいまやっている仕事は無駄になるかもしれません」

4 顧客の優先順位の予期せぬ変更を、社員に伝え損なう。

これは顧客管理の不備や社内のコミュニケーション不足に起因することが多い。たとえば、IT企業のデータ変換専門家スチュアートは、チームの何週間にも及ぶ努力が無駄骨だったかもしれないと知った日、多大なフラストレーションとモチベーションの低下を報告している。

「顧客の問題意識が変わったせいで、プロジェクトがこのまま続かない可能性が高いことを知りました。つまり、プロジェクトに注いできた時間や労力がすべて無駄になる可能性が高いということです」

である。

触媒と阻害剤は進捗に及ぼす影響が大きいため、最終的にはインナーワークライフに影響する。しかし、もっと直接的な影響もある。人は、明確で有意義な目標、十分な資源、助け合う同僚などの存在に気づいた時、たちどころに気持ちが高まり、優れた仕事をしようというモチベーション、仕事や組織に対する認識が向上する。

栄養分は、敬意と評価、激励、快適感、協力の機会など、対人的な支援行為である。その反対の毒素は、たとえば、相手を軽視する、落胆させる、感情を無視する、対立を煽るなどである。よきにつけ悪しきにつけ、栄養分と毒素はインナーワークライフに直接、かつ素早く影響を与える。

触媒と栄養分、そしてその反対の誘因は、人々の仕事に対する認識、さらには自分自身に対する認識を変化させることで、仕事の意義深さを変えることができる。たとえば、マネジャーが部下に必要な資源を与えるようにすれば、部下は自分の携わった仕事が重要で価値あるものだと感じる。マネジャーが部下の仕事を評価すれば、部下は自分が組織にとって重要だと感じる。このように、触媒と栄養分は仕事の意義を高め、進捗の法則の働きを増幅することができるのである。

触媒と栄養分を形づくるマネジメント行動は、とりたてて難しいものではない。単なる常識や良識ではないとしても、「マネジメントの基礎」といったところである。ところが、日誌の分析から思い知らされるのは、それがたびたび忘れられたり顧みられなかったりするという事実である。会社のなかで比較的気配りがあるマネジャーでさえも、一貫して触媒と栄養分を提供できない場合があった。

たとえば、マイケルという名のサプライチェーンの専門家は、多くの点で、そしてほとんどの日は、優秀なグループマネジャーだった。しかし時々、困惑極まるあまり、部下につらく当たることがあった。

あるサプライヤーが顧客からの「至急」の注文を処理しなかったせいで、マイケルのチームが期日に間に合わせるために空輸で対応せざるをえないことがあった。そのせいで利益が吹っ飛んでしまうことに気づいた彼は、いら立って部下たちを叱り飛ばした。彼ら彼女らの堅実な仕事ぶりをないがしろにし、サプライヤーに対する彼らの不満などおかまいなしだった。マイケル自身、日誌のなかでそのことを認めている。

「金曜日の時点で、二番目に大きなお客様に三〇ドルのジェット噴霧式モップを一五〇〇個発送するため、空輸費用を二万八〇〇〇ドル使いました。この注文はまだ二八〇〇個残っており、それも空輸になる可能性がかなりあります。私は優しいサプライチェーンマネジャーから黒い覆面をかぶった死刑執行人に変身しました。丁重な態度など打ち捨てました。もう後がありません。飛行機は禁止。こうなったらケンカです」

マネジャーが行き詰まっていない時であっても、着実に進捗を図るために必要なものを部下たちに与え、人間として尊重されていると彼ら彼女らに感じさせるよりも、長期的な戦略を立てて新しい取り組みを始めるほうが重要である——それにたぶん格好いい——と思うことが多い。だが、調査で繰り返し見られたように、いくら最高の戦略でも、それを現場で実行しようとする人間をマネジャーが無視すれば、必ず失敗する。

手本となるマネジャーの姿

進捗の触媒となり、精神の栄養となる数多くの（そして大部分はごく当たり前の）手法を説明することもできるが、まずはこうした手法を一貫して用いたマネジャーの例を紹介しよう。その後に、どのようなマネジャーでも同様に実践できる簡単な方法を提示するほうが効果的だろう。

手本となるのは、グラハムというマネジャーで、ヨーロッパの多国籍企業クルーガー・バーン（仮称）で化学エンジニアの小さなチームを率いていた。このチームのプロジェクトのミッションは明確かつ有意義なものだった。すなわち、化粧品とさまざまな消費財分野で、石油化学製品に代わる安全な生分解性ポリマーを開発することである。

しかし、多くの大企業がそうであるように、このプロジェクトも、経営陣に優先事項の変更を強いたり、利害の対立を招いたり、やる気にムラがあったりと、社内をかき回し、時には危機にさらすこともあった。資源はひっ迫し、プロジェクトの将来、そしてプロジェクト・メンバー全員のキャリアがどうなるのかは不透明だった。しかも、プロジェクトの初期に、重要な顧客が試作品に激怒するという出来事が起こり、チームには動揺が走っていた。

しかしグラハムは、障害を何度も目に見える形で取り除き、進捗を大きく後押しし、チームを感情面で支えることにより、チームメンバーのインナーワークライフを維持することに成功した。

グラハムのマネジメント手法は次の四つの点で優れていた。

第一に、前向きな環境を一歩一歩築き、それがチーム全体の行動規範になった。たとえば、顧客の苦情でプロジェクトがストップした時、彼は誰を非難することもなく、ただちにメンバーたちと問題を分析し、関係修復の計画を立案した。

これは仕事上の危機にどう対応するかの見本である。パニックになったり、誰かを責めたりするのではなく、問題とその原因を明らかにし、組織的な行動計画を立てるのである。これは実際的なアプローチであると同時に、複雑なプロジェクトにつきものの落ち度や失敗に直面しても、部下たちが進捗を感じられる、優れた方法である。

第二に、グラハムはチームの日々の活動や進捗をよく把握していた。実際、彼が築いた中立的な環境のおかげで、これは自然と可能になった。チームメンバーは自分たちの挫折、進捗、計画について、求められなくても頻繁に彼に報告した。

ある時、仕事熱心なメンバーの一人であるブレーディが、測定機器のパラメーターを正しく設定できなかったため、新しい素材の試験を中断せざるをえなくなった。チームがその機器を使えるのは週に一日だけだから、厳しい事態である。

しかし、ブレーディはすぐにグラハムに報告した。その日の日誌で、ブレーディはこう書いている。「一週間がふいになってグラハムは不機嫌でしたが、理解はしてくれたようです」。その理解のおかげでグラハムには新しい情報が絶えず入り、彼は進捗を促すために必要なものを的確に部下に与えることができた。

第三に、グラハムはチームやプロジェクトの最新の状況に応じて支援を提供した。日々、どのように関与すればメンバーのインナーワークライフや進捗に最大の効果があるかを予測することができた。触媒を提供するのか、それとも阻害剤を取り除くのか。栄養分を与えるのか、それとも解毒剤を注入するのか。判断がつかない時はメンバーに尋ねたが、ほとんどの日は判断に苦労しなかった。

グラハムの上司がプロジェクトに本腰を入れるという嬉しい知らせを聞いた日もそうである。会社の組織再編が噂されており、チームメンバーはそのことに神経質になっていたので、激励することが必要だった。その知らせが明らかになったのはプライベートな休暇中だったが、すぐさま電話を取り、チームに朗報を伝えた。

第四に、グラハムはマイクロマネジャー（口うるさい管理者）ではなく、チームメンバーの支援者に徹した。メンバーのなかに交わって様子を窺いこそすれ、メンバーを外から監視していると思われないように心がけた。

一見どちらも同じようだが、マイクロマネジャーは四つの誤りを犯す。

第一に、仕事をする際の自主性を認めない。プロジェクトチームに明確な戦略目標を与えたうえで、それを達成するためのメンバーのアイデアを尊重したグラハムと違って、マイクロ・マネジャーはメンバーの一挙手一投足に指示を出す。

第二に、マイクロマネジャーは部下に仕事のことをよく尋ねるくせに、実際に手助けすることはない。反対にグラハムは、チームメンバーの一人から問題の報告を受けた時、さまざまな解釈の可能性を探りながらその分析を手伝い、最終的には軌道修正に資することもしばしばだった。

第三に、マイクロマネジャーは問題が起きるとすぐに人を責めるので、部下は、グラハムとブレーディの場合のように問題の解決法を率直に話し合うよりも、それを隠そうとする。

そして第四に、マイクロマネジャーは情報を秘匿し、これを武器に使おうとする。これがインナーワークライフをどれほど損なうかをわかっている者はほとんどいない。

役立つはずの情報をマネジャーが出し惜しみしていると気づけば、部下は子ども扱いされていると感じ、やる気が萎え、仕事にマイナスの影響が出る。グラハムは、プロジェクトに対する経営幹部の見解、顧客の意見やニーズ、社内外で得られる援助や予想される抵抗などを早々に伝えた。

このようにしてグラハムは、チームの前向きな感情、内発的動機、好ましい認識を支援した。彼の行動は、あらゆる層のマネジャーが進捗を促すべく毎日の仕事にどう臨めばよいかの優れた見本である。

多くのマネジャーは、いくら善意の人であっても、「グラハムのような習慣を身につけるのは難しい。彼にとってはたやすいのかもしれないが」と考えるだろう。

もちろん、知ることは第一歩である。しかし、インナーワークライフの重要性を知っても、それを日常的な行動に落とすには鍛練を要する。そのことを念頭に、我々は、マネジャーが日々参考にできるチェックリストを作成した（**図表4-3**）。狙いは、一日一日の意義ある進捗を促すマネジメントである。

捗をはじめとする出来事について、さらにどのような情報を提供するかを考えよう。最後に、行動の優先順位をつける。日々の振り返りで最も大事なのは、翌日のアクションプランである。進捗を最大限促すためにできることは何だろう。（シートは86ページに続く）

進捗

**今日のどのような出来事（1つか2つ）が、
小さな成功または飛躍の可能性を表しているか。（簡単に記述せよ）**

....

....

....

....

触媒

- □ チームは、有意義な仕事について明確な短期的・長期的目標を持っていたか。
- □ メンバーは、問題を解決しプロジェクトに当事者意識を感じるだけの自主性を与えられていたか。
- □ メンバーは、効率的に前進するのに必要な資源をすべて備えていたか。
- □ メンバーには、有意義な仕事に集中する時間があったか。
- □ メンバーが支援を必要とした、あるいは要求した時、それを提供したか。メンバーがお互い助け合うように促したか。
- □ 今日の成功または失敗からの教訓をメンバーと話し合ったか。
- □ グループ内の自由なアイデア交換を支援したか。

栄養分

- □ 進捗に対する貢献を評価し、アイデアに関心を払い、信頼できるプロフェッショナルとして扱うことで、メンバーに敬意を表したか。
- □ 困難な課題に立ち向かったメンバーを激励したか。
- □ 個人または仕事上の問題を抱えたメンバーを支援したか。
- □ チーム内には、個人または仕事上の協力関係や一体感があるか。

図表4-3　**日々の進捗チェックリスト**

毎日の終わりに、このチェックリストを使ってその日を振り返り、翌日のマネジメント行動を計画してほしい。数日経てば、太字の言葉をざっと見るだけで判断できるようになる。まず、進捗と挫折に焦点を当て、それに寄与した具体的な出来事（触媒、栄養分、阻害剤、毒素）を考えよう。次に、インナーワークライフに関する明確な手がかりと、それが進

挫折

今日のどのような出来事（1つか2つ）が、小さな挫折または危機の可能性を表しているか。（簡単に記述せよ）

阻害剤

- □ 有意義な仕事の短期的・長期的目標が不明瞭だったか。
- □ メンバーは問題を解決し、プロジェクトに当事者意識を感じるうえで、制約を受けすぎていたか。
- □ メンバーには、効率的に前進するのに必要な資源が足りなかったか。
- □ メンバーには、有意義な仕事に集中する時間が足りなかったか。
- □ 必要とされた、あるいは要求された支援を、誰かが提供しなかったか。
- □ 失敗を罰したか、あるいは成功や失敗に潜む教訓あるいはチャンスを探そうとしなかったか。
- □ アイデアの発表や議論を、誰かが時期尚早にさえぎったか。

毒素

- □ 進捗に対する貢献を評価せず、アイデアに関心を払わず、信頼できるプロフェッショナルとして扱わないことで、メンバーを軽視したか。
- □ メンバーを、どのような形であれ、落胆させたか。
- □ 個人または仕事上の問題を抱えたメンバーを無視したか。
- □ メンバー間またはメンバーと自分の間に、緊張や対立があるか。

インナーワークライフ

今日、部下のインナーワークライフの質について何かわかったことがあるか。

仕事、チーム、マネジメント、会社に対する認識：

感情：

モチベーション：

今日のどのような出来事がインナーワークライフに影響を与えたかもしれないか。

アクションプラン

特定された触媒と栄養分を強化し、足りない触媒と栄養分を提供するために、明日何ができるか。

特定された阻害剤と毒素をなくしていくために、明日何ができるか。

「進捗のループ」を育む

インナーワークライフはパフォーマンスの原動力である。絶えざる進捗があってこそ、優れたパフォーマンスを実現できる。そして、その進捗はインナーワークライフを強化する。「進捗のループ」と呼ぶ、自己増強的な利点の好循環が可能となる。

したがって、進捗の法則が意味する最も重要なポイントは以下のようになる。すなわち、人々の有意義な仕事の進捗を支援することにより、マネジャーは彼ら彼女らのインナーワークライフだけでなく組織の長期的パフォーマンスを改善することができ、それがインナーワークライフをさらに強化する。

もちろん負の側面もある。マイナスのフィードバック・ループが働く可能性である。マネジャーが進捗を後押しせず、進捗を求める人々を支援しなければ、インナーワークライフもパフォーマンスも精彩を欠く。そして、それぞれのパフォーマンスが落ちれば、インナーワークライフはさらに悪化する。

進捗の法則が意味する第二のポイントは、マネジャーは部下のモチベーションや満足感を保つために、彼らの心理を読もうとあせる必要はないし、複雑なインセンティブに頼る必要もないということである。基本的な敬意や配慮を怠らない限りは、仕事そのものの支援に集中すればよい。

有能なマネジャーになるためには、このプラスのフィードバックループを働かせるようにしなければならない。そのためには大きな意識改革が必要になるだろう。

ビジネススクールやビジネス書、そしてマネジャー自身は、組織や人材のマネジメントを重視する傾向がある。しかし、進捗のマネジメントを重視すれば、人材のマネジメント、さらには組織全体のマネジメントさえも、もっと実現が容易になる。

部下のインナーワークライフをのぞき見る術などわからなくてもよい。有意義な仕事における部下たちの着実な進捗を促し、その進捗を可視化し、部下たちに上手に接すれば、彼らは優れたパフォーマンスに必要な感情、モチベーション、認識を経験するだろう。その優れた仕事は組織の成功に貢献するだろう。

そして、ここが肝心な点なのであるが、彼ら彼女らは仕事が好きになるに違いない。

テレサ・アマビール（Teresa Amabile）
ハーバード・ビジネススクール（エドセル・ブライアント・フォード記念講座）教授。ベンチャー経営学を担当。同スクールの研究ディレクターでもある。

スティーブン・クレイマー（Steven Kramer）
心理学者、リサーチャー、ライター兼コンサルタント。マサチューセッツ州ウェイランド在住。両者の共著に『マネジャーの最も大切な仕事』（英治出版）がある。

マネジャーにとっての意外な事実

一九六八年発行のHBRに掲載された名著論文で、(注3)フレデリック・ハーズバーグは「人が仕事に最も満足する(したがって最も意欲が高まる)のは、その仕事から達成感を味わう時である」と記している。彼のこのメッセージは、私たちの発見と同じである。

本稿で紹介した日誌の調査では、何千日分もの出来事をリアルタイムでつぶさに調べたが、そこで明らかになったのは、達成感の根底を成すのが「絶えざる有意義な進捗」だということだ。

しかし、世のマネジャーは、ハーズバーグの教えを重く受け止めていないふしがある。そこで、日々の仕事の進捗が持つ重要性を現代の人々がどう認識しているのかを調べるため、我々は最近、全世界数十社のさまざまな職位のマネジャー六六九人にアンケートを実施した。

質問の内容は、社員のモチベーションや感情に影響を与えうるマネジメント手法について、①仕事の進捗に対する支援、②優れた仕事に対する評価、③目に見えるインセンティブ、④対人関係の支援、⑤明確な目標、の五つを、重要だと思う順にランクづけしてもらった。

アンケートに回答したマネジャーの九五%は、「仕事の進捗に対する支援」がモチベーションを高める主たる方法だと知ったら驚くだろう。というのも、この項目を一位にしなかった人がそれだけ多くの割合いるからである。

モチベーションを高める要因の一位に「仕事の進捗に対する支援」を挙げたマネジャーは三五人、五％にすぎない。回答者の大多数が、これをモチベーションの誘因としては最下位、感情への影響要因としては三位に位置づけた。モチベーションと満足感を高める最重要の誘因として選ばれたのは、「優れた仕事に対する評価」（公的な評価、私的な評価を問わない）である。

日誌の調査では、「優れた仕事に対する評価」もたしかにインナーワークライフを高めたが、その効果は「仕事の進捗に対する支援」には遠く及ばなかった。また、仕事上の成果がなければ、そもそも評価すべきものもない。

5

Harvard Business Review Emotional Intelligence HAPPINESS

幸福のマネジメント

グレッチェン・スプレイツァー
Gretchen Spreitzer

クリスティーン・ポラス
Christine Porath

"Creating Sustainable Performance,"
HBR, January-February 2012.

仕事における幸せとは何か

景気が悪く、仕事があるだけでも恵まれているご時世なのだから、「うちの社員は幸せだろうか」などと気をもむのは、取り越し苦労だと思われるかもしれない。知的満足感につながる高報酬の働き口を提供しているなら、なおさらだろう。しかしそれは、けっして取り越し苦労ではない。

我々が安定的に高業績を上げる組織の秘訣について調査したところ、「幸福感を抱く社員は、そうでない人と比べて長期にわたって高いパフォーマンスを上げる」ということが明らかとなった。欠勤が少なく、離職率が低く、求められた以上の働きをし、自分たちと同様に意欲の高い人材を引き寄せるのだ。しかも、短距離走よりもマラソン向きだといえ、すぐに息切れするようなことがない。

仕事での幸せとは何を意味するのだろうか。「満足」(contentment)とは違う。これは多少なりともぬるま湯をにおわす言葉だからである。私たちはミシガン大学スティーブン・M・ロス・スクール・オブ・ビジネスのポジティブ組織研究センターに所属する研究者たちとともに、個人や組織が長期的に高いパフォーマンスを上げる要因を探った。そして、「成功している」(thriving)という、よりよい表現にたどり着いた(**囲み**「この研究について」を参照)。

成功している社員は、成果を出して充実感を得るだけでなく、会社と自身の将来を切り開こうと熱意をみなぎらせている。彼らは、精力的である一方、燃え尽きない術を心得ているという強みも持っている。

さらに、さまざまな業界や職種を対象に調査したところ、この条件を満たす人材は他の人材と比べて、全般的な業績に関する上司からの評価が一六%高く、「燃え尽きてしまった」という自己申告は二五%も少なかった。組織への献身度は三二%、仕事の満足度は四六%高かった。欠勤と病院での受診がともに際立って少ないため、勤務先にとっては不稼働時間や医療費負担が少ないという効用もある。

成功している社員は二つの特徴を持つことがわかった。第一の特徴として、彼らは活力をみなぎらせている。生きているという実感と情熱にあふれ、胸を高鳴らせている。活力ある人材は自分と周囲のやる気を燃え立たせる。会社を活性化させるには、「自分たちの日々の仕事が大きな変化を引き起こす」という意識を社員に植えつければよい。

第二の特徴は、たゆまぬ学習である。新しい知識や技能を身につけ成長していくのだ。学習を積み重ねると、技術面で優位に立ったり、専門家として一目置かれたりする。能力向上に励む人材は、おそらく「もっと成長できる」と自分の可能性を信じるだろうから、学習は好循環をも生み出す。

これら二つは車の両輪のような関係にある。どちらか一方だけでは成果が続く可能性は低く、逆効果にさえなりかねない。たとえば、新しいことを学ぶと、その時は仕事に弾みがつくだろうが、情熱が伴わないとやがて燃え尽きるおそれがある。「学んだことをどう活かせばよいのか」「いまの職にしがみつかなくてもいいのでは」といった疑問が持ち上がるのだ。

たとえ「パフォーマンスを上げている」と認められるのが好きな人でも、活力だけでは長く持ちこたえられないかもしれない。いくら仕事をしても学習の機会がないなら、いつまでも同じことの繰り返しだからである。

活力ある社員が学習の機会を得ると、彼らは結果を出し、しかも成功している術を探り当てる。仕事にやりがいを感じるのは、期待通りの成果を出しているうえに、自分と会社がどこを目指しているかがわかっている時である。このように順調に成功していると、自分がやる気を出すだけでなく、周囲にもそれを伝染させる（**囲み**「成功するための個人戦略」を参照）。

社員を成功させる方法

なかには、どのような状況でも順調に前進していく人もいる。彼らはおのずと元気を出して仕事から多くを学び、同僚たちの士気を高める。目端の利くマネジャーが人材採用の際に探すのは、このようなタイプである。しかし、ほとんどの人は環境に左右される。前途有望な人材でさえも、大きな重圧の下ではくじけかねない。

ただし、落胆には及ばない。大胆な取り組みや多額の投資をしなくても、社員の成功を後押しする企業文化はいますぐにでも培える。すなわち、組織の慣例を打ち破って、皆が順調に生産性を高めるような状況をつくることはできる。多くの場合、意識を少し変えるだけでよい。

放っておいても順調に歩み続ける人材ばかりなら、どれほどよいだろう。しかし、仕事への熱意を引き出し続ける方法はいくつもある。私たちの調査からは、そのための環境づくりには、①判断の裁量を与える、②情報を共有する、③ぞんざいな扱いを極力なくす、④成果についてフィードバックを行う、という四つの方法が有効であることが明らかになった。

これら四つにはいくらか重なる部分もある。一例として、せっかく判断を委ねても、不完全な情報しか与えなかったり、敵対的な反応にさらしたりしたら、その人は順調に仕事をこなすどころか、つまずいてしまうだろう。このうち一つだけでも、ある程度の成果につながるだろうが、成功の企業文化を培うには四つすべてが必要である。以下、個々に見ていきたい。

①判断の裁量を与える

業務に影響する判断を自分で下してよいとなれば、上から下まであらゆる階層の社員がやる気を高めるだろう。「仕事を任されている」と感じ、業務のやり方について積極的に発言するようになり、学習の機会も増える。

航空業界は、意思決定権の委譲が進んでいるようには見えず、まして、皆が順調に成果を上げているとは思えないだろう。しかし、私たちが調査したアラスカ航空は、権限委譲の企業文化を根づかせ、それをテコにここ一〇年は業績を大きく好転させてきた。

二〇〇〇年代の初めに業績が低迷したため、経営陣は「2010プラン」を掲げた。「運航スケジュールを遵守する」という評判を守りつつサービスを向上させるために、社員からの提案を歓迎する意向を鮮明にしたのである。

社員たちに、「良いサービス」についての固定観念を捨て、顧客に奉仕するための新しい方法を考えることを求めた。単に「良い」ではなく、「本当に素晴らしい」サービスを実現するアイデアを見つけるようにと――。

社員たちもこのプランを歓迎した。たとえば、搭乗時刻に間に合わなかったなど、何らかの理由で飛行機に乗れなかった顧客の力になる方法を、自分たちで見つける裁量がもたらされた。

東部地域担当ディレクターのロン・カルビンは、先頃受けた電話について語ってくれた。彼は五年前までシアトルの空港詰めの任にあり、その後、交流が途絶えていた当時の顧客から、携帯電話に着信があったのだ。聞けば、生後三カ月の孫が心不全に陥ったため、ホノルルからシアトルへ駆けつけたいが、どの便も満席だという。

カルビンは何本か電話をかけて、すぐさま座席を手配した。顧客からはその日のうちに、「助かった」という手短なメッセージが届いたそうである。

このように、発着時間を遅らせることなく個々の乗客のニーズに応える努力を重ねた結果、アラスカ航空は運航スケジュールの遵守度で一位に輝いたほか、多くの栄誉を手にしている。就航先も、ハワイ、中西部、東海岸などへと目覚ましく拡大してきた。

サウスウエスト航空の事例は、もっとよく知られているだろう。何といっても、笑いやもてなしを大切にする企業文化で有名である。

ほとんどの客室乗務員が、熱心に歌い、ジョークを放ち、ことあるごとに乗客を楽しませようとする。生き生きとして、新しいことを学習しようという情熱をみなぎらせている。

ある乗務員は、離陸前の安全説明をラップ調で行おうと思い立った。自分の特技を業務に活かそうとしたのである。乗客も喜び、「安全説明にじっくり聞き入ったのは、実はこれが初めてだ」といった声がいくつも届いた。

フェイスブックでは、各自に広く判断の裁量を与えており、これは企業文化の土台を成している。「すぐに動いて、前例や伝統を打ち破れ」という社是を通して、自分で考え行動するよう社員の背中を押している。ある社員は、この社是についての驚きと喜びをサイトに書き込んだ。彼は入社二日目に、ソフトウエアの複雑なバグの解決法を見つけた。

彼は何段階もの承認手続きを経るものとばかり思ったが、上司である製品担当バイスプレジデントはにっこり笑って、「それで進めてくれ」と了解をくれた。入社ほやほやの自分がバグを修正し、それが何百万人もの利用者のいるサービスに瞬時に反映されるとは、感激もひとしおだった。

マネジャー層にとっての課題は、たとえ誰かがミスをしても、権限委譲の流れを押しとどめないようにすることである。失敗は絶好の学びの機会である。当事者だけでなく、他の社員にとっても身につまされる教訓となる。

②情報を共有する

情報のないなかで仕事をさせられたのでは、退屈でやる気が起きない。どれほどの影響があるかが見えないなら、革新的な解決策を探す理由など見出せない。他方、自分の仕事が所属する組織の使命や戦略とどう調和するかを納得すれば、よりよい貢献ができる。

アラスカ航空では、社員に企業戦略の幅広い理解を促すために、経営陣は多くの時間を割くことにした。前出の2010プランを推進するに当たっては、従来のコミュニケーション手法のほか、何カ月もかけて各職場を巡回して説明会を行い、社員間でのアイデアの共有を支援する研修も実施した。

CEO、社長、COOは、いまなお四半期ごとに各職場をめぐり、市場別の特性についての情報収集に努めて、そこから得た知見を社内に広めている。これが奏功して、社員は会社への誇りを強めており、年次調査によれば、いまや何と全社員の九〇%が会社を誇りに思っている。

数々の食品関連事業を展開するジンガーマンズ・コミュニティ・オブ・ビジネシズは、ポジティブ組織研究センターの同僚であるウェイン・ベーカーと仕事上で深いつながりがある。この企業は情報の透明性をとことん追求している。

かねてから同社は、意識的に経営数字を伏せたことはなく、財務情報を社員向けに掲示していた。さらに、共同創業者のアリ・ワインツワイグとポール・サギノーは一九九〇年代半ばにオープンブック・マネジメントを学び、「数字を目の当たりにすれば、社員たちはもっと高い関心を示すはずだ」と考えるようになった。

実のあるオープンブック・マネジメントを正式に取り入れるのは容易ではなかった。数字をガラス張りにしても、社員たちにとっては注意を払う理由などほとんどなく、自分の日常業務とどう関係するのかもピンと来ないようだった。

最初の五、六年は、オープンブック・マネジメントを自社の流儀や習慣として何とか根づかせ、ベーカーの言う「額を集めての苦行」の意味を社員たちに理解してもらおうと、四苦八苦した。

毎週、皆でホワイトボードを囲むようにして業務成果を確かめ、数字を記録し、次週の数字を予測する。社員はオープンブック・マネジメントのルールは飲み込んだが、当初は「ただでさえ忙しいのに、なぜこのうえさらに会議をするのか」と首をひねった。

経営層が問答無用で会議を強制するとようやく、ホワイトボードを使う本当の目的に気づいてくれた。ホワイトボードには、財務数字だけでなく、サービスや商品の品質指標、客単価、社内満足度などが記されていた。「お楽しみ」という項目もあり、その内容は週次のコンテスト、顧客満足度ランキング、社員のイノベーション・アイデアなど、実に多彩だった。

一部の事業部門は「ミニゲーム」を取り入れた。問題を解決したり、事業機会をうまく活かしたりした時には、臨時のインセンティブを与えるというものである。たとえば、ジンガーマンズ・ロードハウスという傘下のレストランでは、来店者へのあいさつを競うゲームを実施した。

あいさつを怠ると顧客満足度は下がり、応対の遅れを埋め合わせるために往々にして一品サービスするはめに陥ってしまう。このゲームはホールスタッフを対象に行い、五〇営業日連続で「すべての担当顧客に、着席から五分以内にあいさつを済ませる」というルールを守ったら、ささやかなボーナスを支払うことにした。スタッフたちは奮起して、サービスの不行き届きにはすぐに目を留めて対処するようになった。

一カ月の間にサービス指標は大きく跳ね上がった。ジンガーマンズの他の事業部門や店舗もこれと似たようなゲームを導入して、迅速な配送や、ベーカリーでの刃物によるけがの減少(これは医療保険料負担の節減につながる)、厨房の整理整頓などを達成すると、インセンティブを出した。

ゲームの結果は当然ながら悲喜こもごもであるため、士気の低下をもたらしかねない。とはいえ、全体としては最前線の社員の当事者意識を高め、業績向上に寄与した。

二〇〇〇年から二〇一〇年にかけて、ジンガーマンズの売上げは三〇〇%近くも増加し、三五〇〇万ドルを突破するに至った。経営陣は、オープンブック・マネジメントがこの成功に大きく寄与したと考えている。

彼らの主張の正しさはちょっとした逸話からも裏づけられる。たとえば数年前に、ジンガーマンズ・ロードハウスで行われたワインツワイグの講演に立ち会った。聴き手の一人から「ごく平凡なホールスタッフや見習いのスタッフに企業戦略や財務を理解するよう期待するのは、実際のところ現実的なのでしょうか」という質問が挙がると、ワインツワイグはその場にいた見習いスタッフのほうに顔を向けた。

それまで話の中身に注意を払っていなかった一〇代の見習いスタッフは、はたして、会社のビジョンを共有し、自分の働くレストランが週間目標をどれくらい達成しているかを語れるだろうか。

しかし、彼は顔色一つ変えずに会社のビジョンを自分の言葉で紹介し、料理が厨房に差し戻された件数が、その週は多いか少ないかを説明した。

ジンガーマンズは事業規模がかなり小さいが、ホールフーズや輸送業のＹＲＣワールドワイドなど、はるかに大規模な企業もオープンブック・マネジメントを実践している。情報を広く共有する仕組みの下では信頼感が醸成され、社員たちは優れた判断を下したり、自信を持って主体性を発揮したりするための必須知識を手にできる。

③ぞんざいな扱いを極力なくす

ぞんざいな扱いの代償は大きい。サンダーバード国際経営大学院教授のクリスティーン・ピアソンとの共同研究からは、職場でぞんざいな扱いを受けた人の半数は仕事に傾ける努力を意識的にセーブした、という結果が得られている。

三分の一を超える人々が、仕事の質をわざと落とそうとしたという。また、三人に二人は、自分をぞんざいに扱った相手を避ける時間が長いと言い、ほぼ同数が「自分のパフォーマンスが下がった」と回答している。

ほとんどの人が職場でぞんざいな扱いを受けた経験がある。調査に寄せられた体験談を以下にいくつか引用したい。

「ある分析を命じられた時のことです。それは私にとって初めてのプロジェクトでしたが、上司からは指示も与えられなければ、お手本も示されませんでした。その挙げ句に、『こんな分析はくずも同然だ』と言われました」

「『尋ねられるまでは自分の意見を言わないように』というのが、上司の言葉です」

「資料からクリップをはずしてゴミ箱に投げ入れたら、上役に見とがめられました。二人の部下が見ているところで『無駄遣いしやがって』となじられ、クリップを拾うように命じられました」

「同僚たちのいる前で、スピーカーホン越しに『お前の仕事は幼稚園児並みだ』と責められたのです」

この種の話には事欠かず、残念ながら、多くの働き手にとって身近な出来事である。にもかかわらず、その代償についてはあまり論じられていない。

働き手をぞんざいに扱うと、順調な仕事ぶりを妨げることになる。そのような扱いを受けた人は、往々にして自分が受けたのと同じような仕打ちを他人にするようになる。同僚の足を引っ張るのだ。

たとえば、「忘れた」ふりをして誰かをメモの配布先から外したり、悪口を広めて皆の注意をそちらに向けさせようとしたりする。手ひどい仕打ちに遭った人は、火の粉を避けようとして内向きになる可能性が高く、そうこうするうちに、学びの機会を失う。

研究対象の一つに、大手コンサルティング会社に取って代わるものとして設立された、ケイマン・コンサルティングという会社がある。ワシントン州レッドモンドにピカピカとは呼びがたい事務所を持つこの会社は、礼節を重んじる社風で知られている。人材採用に当たっては、過去の職歴において礼節を守ってきたかどうかまで確かめるという。

創業者兼ディレクターのグレグ・ロングは、「人は痕跡を残します。採用時の人物評価に細心の注意を払えば、社風を損なわずに済みます」と語る。

マネージング・ディレクターのラージ・イマムは、「私は、他人を粗末に扱ったり怒鳴り散らしたりする人物には、我慢がなりません」と言う。もし誰かがそんなことをしたら、イマムは当人と一対一で話し、自分の方針をはっきり伝える。

ケイマンの人材定着率は九五％に達していて、その理由は企業文化にあるとロングは見ている。同社では、経歴や資格がいくら立派でも、社風に合わない人物は採用を見送る。その一方、「これは」と思うコンサルタントがいたら、空きポストが生じた場合に備えて候補者リストに載せておく。人事担当ディレクターのメグ・クララは、選考に際しては対人スキルとＥＱ（心の知能指数）の高さを重視するという。

多くの例に漏れず同社でも、礼節が守られるかどうかはマネジャー次第で決まる。一人でも困り者がいると、せっかくの社風が台無しになりかねない。

ある若手マネジャーは、自分の上司について話してくれた。その上司は、誤字など些細なことをあげつらい、「間違いだらけだ」と自室から怒鳴ってよこす。フロア全体に響き渡るような大声だから、全員が縮み上がり、怒鳴られた当人は居たたまれないほどだという。

後で皆が休憩室などに集まり、コーヒーを飲みながら被害者に同情する。同社の事情に詳しい者によると、そこでの話題の中心は、どうやって社内で昇進するかでも、いかに神経を図太くして凌ぐかでもなく、どのような仕返しをして会社を辞めるかだという。

研究を通して、採用選考の際に礼節を考慮に入れる企業があまりに少ないことに驚いた。企業文化とは、人から人へと伝染するものである。社員は周囲に同化していく。言葉を換えるなら、礼節をわきまえた人材を採用すれば、礼節が社風として根づく可能性が高くなる。

④成果についてフィードバックを行う

フィードバックは学習の機会をもたらし、働き手の熱意を引き出す。これらは成功の企業文化に欠かせないものである。フィードバックを受けるとモヤモヤが消えるため、社員たちは自分と組織の目標に向けて脇目も振らず邁進する。フィードバックは、速やかで直接的であるほど役に立つ。

前述したジンガーマンズのホワイトボードを囲んでの会議は、個人と事業全体、両方の成果についての情報を、リアルタイムに近い形で迅速に共有する仕組みである。

リーダーが日々の業績推移をホワイトボードに書き出す。他の社員たちには、その数字を「自分事として」受け止め、必要とあらば業績回復へのアイデアを出すよう期待されている。会議の席上では、顧客からの苦情（社内用語では「赤信号」）と感謝の言葉（「青信号」）が紹介される。時を置かずして全員に具体的なフィードバックを与えて、学習と成長に活かさせようとの狙いである。

住宅ローン会社のクイッケン・ローンズは、独自の方法で社員の成果を測って報奨を決めている。成果へのフィードバックを時々刻々と行っており、そのために「ティッカー」と「かんばん」という、二種類の掲示板を活用している（「かんばん」はオペレーション・マネジメントでお馴染みの、合図《サイン》を意味する日本語である）。

ティッカーにはいくつもの表示項目があり、グループ別、個人別の業績数字のほか、一人ひとりについて、当日の目標に到達する可能性がどれくらいかがわかるようになっている。社員は実績値や目標に敏感に反応する習性が染みついているため、指標値を表示しておくと、終業時まで皆の奮起を保つことができる。要するに、社員は自分に課された数字と戦っているのだ。かんばんのほうは、部下たちの成果を表示するマネジャー向けのツールであり、コーチングなどの手助けが必要かどうかを知らせる役目を果たしている。

かんばんに表示される情報の一つに、営業成績上位一五人の氏名があり、刻々と入れ替わるこのランキングはマネジャー以外にも公表されている。社員たちはランキング入りを目指してたえずしのぎを削っており、その様子はコンピュータゲームの得点競争さながらである。

息つく間もなくフィードバックが押し寄せてきたのでは、対応し切れない人、あるいは重圧に押しつぶされる人さえ出ても不思議ではない。ところが同社では、フィードバックが社員たちのやる気を燃え立たせ、成長への糧となっている。礼節や尊敬を重んじる強い規範があり、仕事の達成方法について当人たちに意見を述べる機会を与えているからである。

グローバル規模の法律事務所オメルベニー・アンド・マイヤーズは、働き手に順調に成果を上げさせる手段として、三六〇度評価を重用している。自由記述式のフィードバックを、そのままではなく要約して本人に伝える方法を採ることによって、九七％という高い回答率を達成している。

ロサンゼルス事務所のマネージング・パートナーを務めるカーラ・クリストファーソンは、三六〇度評価を通して、自分が「『ワークライフバランスを良好に保つ』という社是を守っていない」と見られており、そのせいで部下たちにストレスを与えていたと知った。そこで、自ら事務所で働き詰めの状態を改善し、週末は出勤を控えて自宅でできる仕事だけをすることにした。

このようにして彼女はワークライフバランスの手本となり、プライベートを重んじる社員たちの不安を和らげるのに大いに貢献した。

＊　＊　＊

社員を成功させるための四つの方法は、涙ぐましい努力や莫大な投資をしなくても実践できる。求められるのは、広い心で権限委譲を進め、自ら企業文化を培うリーダーである。

すでに述べた通り、四つの方法はそれぞれ別の角度から、社員が成功するために必要な状況をつくる。一つか二つだけを選んで実践するわけにはいかない。四つすべてがそろってこそ、全体として相乗効果を発揮する。実際、現状についての正確な情報が手元にないなら、自信を持って意思決定できるだろうか。「嘲笑されはしないか」とビクビクしていたら、冴えた判断を下せるだろうか。

社員が成功する環境づくりには、さまざまな目配りが欠かせない。働き手が成長して仕事への熱意を持ち続けるよう手助けをすれば、それだけでも十分に素晴らしいことだが、そのうえ、会社の業績も右肩上がりで向上していくのである。

グレッチェン・スプレイツァー（Gretchen Spreitzer）
ミシガン大学スティーブン・M・ロス・スクール・オブ・ビジネス教授。

クリスティーン・ポラス（Christine Porath）
ジョージタウン大学マクドナー・スクール・オブ・ビジネス准教授。

この研究について

私たちは七年にわたり、職場での成功、それをもたらす要因と妨げる要因について研究した。同僚のクリスティナ・ギブソン、フラネリー・ガーネットの協力を得て、数回に及ぶ調査を行った。高等教育、医療・保健、金融、海運、エネルギー、製造などの業界で働くホワイトカラーとブルーカラー、合計一二〇〇人以上を対象に、意識調査または個別インタビューを実施した。社員と上司、両方からの情報をもとに、熱意、学習、成長の度合いを反映する指標を調べたほか、職場への定着率、健康状態、全般的な業務成果、組織の一員としての振る舞いを探った。

「成功している」状態を支えるのは、活力と学習である。つまり、生き生きとして熱意をみなぎらせ、知識や技能の習得を進めている人という意味である。活力と学習の二つがそろうと、目覚ましい成果をもたらす。

たとえば、活力に満ちて学習意欲が高い人は、活力はあっても学習を怠る人と比べて、リーダーとしての力量が二一％も優れている。健康面での指標については、さらに予想を超えた結果が出た。活力があっても学習しない人は、両方の条件を満たした人より五四％も劣っていた。

成功するための個人戦略

社員が成功する環境づくりをすれば、組織にとっても得るものは大きい。しかし、リーダーにはやるべきことが多すぎて、この重要な仕事がおろそかになるおそれがある。とはいえ、組織の後押しがなくても、誰もが、新しいことを学び、生き生きと仕事をするための戦略を実行できる。しかも、成功は伝染するため、あなたのアイデアはみるみる広まっていくだろう。

①休憩を挟む

ジム・レーヤーとトニー・シュワルツの研究によれば、休憩などの充電法は、どれほどささやかなものであっても、前向きなエネルギーを生み出すという。

私たちは学生に、講義の最中に一定間隔で休憩や気分転換を挟んで中だるみを防ぐように説いている。ある学期に学生たちは、講義時間の半ばで必ず二分間の休憩を取り、席を立って何かの活動をしようと決めた。

週替わりで四人が担当者となり、愉快なユーチューブ動画を観る、ラテンダンスをする、ゲームに興じるなど、短い時間で気分転換を図った。大切なのは、自分たちに適した充電法を見つけて、クラス全員で実践することである。

組織が充電の機会を提供しなくても、ちょっとした散歩、サイクリング、公園での軽い昼食などは、ほとんどいつでも自分で企画できるはずである。会議とぶつからないように、これらの予定をスケジュールに入れている人もいる。

②より意義のある仕事をする

業務上の要請を無視するわけにはいかないが、業務をより意義あるものにする機会を探ることはできる。ここでは、大組織の傘下の政策シンクタンクで管理業務を担うティナを例に取ろう。

上司が六カ月の長期休暇を取った際、ティナはその間の代替業務として短期プロジェクトを探さなくてはならなかった。そこで調べてみたところ、組織について意見を述べる力を伸ばすことを目的とした、新規の社員育成プロジェクトが見つかった。それは企画を実現するために進取の精神が求められる仕事だった。報酬は減るが、ティナはやる気をかき立てられた。

上司が休暇を終えて戻ってくると、彼女はシンクタンクの仕事の稼働時間を従来の八〇％に削減してもらうよう交渉し、残りの時間をその社員育成プロジェクトに割くことにした。

③イノベーションと学習の機会を探す

成功するには学習が欠かせない。現状打破への取り組みが、そのきっかけとなる場合がある。ロジャーは、アメリカ中西部の名門高校に校長として赴任した時、革新的なアイデアをいくつも温めていたが、すぐに新しいやり方を受け入れようとしない人がいかに多いかを思い知らされた。

ロジャーは彼らの不安に耳を傾け、理解を得ようと努力した。その一方では、「革新的なアイデアを実現したい」という情熱を分かち合う仲間の学習や成長を促すために、より大きな努力を傾けていた。そうした人々の相談に乗り、励ましを与えているうちに、少しずつ成果が得られ、学校の改革にも弾みがついた。

何人かの抵抗勢力が学校を去り、好ましい変革の兆しを察した人々は賛同してくれた。ロジャーは、反発や抵抗よりも、明るい兆候に注意を向けることによって変革を緒につけ、従来とは大きく異なる方向へと学校を導こうとしている。

④元気の出る人間関係を大切にする

誰の周りにも、切れ者だが気難しく、一緒に仕事をしたくない同僚はいる。成功していく人は、元気をくれる同僚と一緒に働く機会を探し、元気を削ぐ同僚とはできる限り関わらないようにする。

実のところ、私たちが研究チームをつくるに当たって探したのも、元気を分けてくれる楽しい仲間、「一緒にいたい」と思えて、学ぶべき点を持つ人たちだった。ポジティブ組織研究センターでは、良好な人間関係を築くために、会議の冒頭で必ず明るい知らせを伝えたり、感謝の言葉を述べたりしている。

⑤社外活動への波及効果に目を向ける

仕事に打ち込むと、プライベートにしわ寄せがいくどころか、順調な私生活を送る力が高まることがわかっている。筆者の一人であるグレッチェンは、夫の深刻な病状に対処していた時、仕事がたとえ大変ではあっても、そのおかげで「よき職業人、よき家庭人として生きていこう」という意欲が湧くと気づいた。

ある領域で順調だと他の領域ではうまくいかない、などということはない。仕事に意欲満々な人は、仕事以外のことにも意欲を持つ。反対に、ボランティア、レース出場に向けたトレーニング、講座への参加など、仕事以外の活動に熱心な人は、その熱意を職場にも持ち込むだろう。

6

HAPPINESS

職場での幸福について、見落とされていること

アンドレ・スパイサー
André Spicer
カール・シーダーストロム
Carl Cederström

"The Research We've Ignored About Happiness at Work,"
HBR.ORG, July 21, 2015.

幸福を定義するのは難しい

私たちは先頃、各々の職場で自己啓発セミナーに参加していた。どちらのイベントでも、幸福に関する真理を説いていた。一方のセミナーでは、登壇者いわく、幸福は人の健康、思いやり、生産性、さらには昇進のチャンスを高めるという。

もう一方のセミナーでは、激しめのダンスを強制される場面があった。体が喜びであふれるはずだという。思わずこっそり抜け出したい気持ちになり、最寄りのトイレに避難したのだが——。

一九二〇年代中頃に、科学者の一団がホーソン工場で照明の明暗をいじって以降、(注1)学者も企業幹部も一様に、従業員の生産性を高めることばかり考えている。なかでも、幸福を生産性向上の手段とすることは、最近の企業の間でますます盛んのようだ。

企業は金を費やして、幸福を支援するコーチ、チームビルディングのエクササイズ、ゲームプレイ、ファンサルタント（職場の幸福促進に努める専任者）、そして最高幸福責任者まで設けている（その一人はグーグルにいる）。こうした活動や肩書きは愉快に、あるいは奇妙に見えるかもしれないが、実に真面目に取り組んでいる。はたして、それは正しいのだろうか。

諸研究を詳しく検証してみると（私たちがダンス事件の後にやったことだ）、職場での幸福を促進するのが常に賢明かどうかは、実は定かではない。たしかに、幸福な従業員は離職しにくく、顧客をより満足させ、安全に働き、組織市民行動（組織への自発的で無償の貢献行動）を取りやすいということを示す証拠はある。

しかし、他の研究結果でも同じようなことが示唆されている。職場での幸福によって達成できることについて、当然正しいと思われている知見の一部は、単なる俗説にすぎないということだ。

そもそも人々は、幸福とは何かを厳密にはわかっておらず、その測定方法も知らない。幸福を測ることは、魂の温度を測ったり、愛の色を特定したりするに等しい難易度である。

ダリン・M・マクマホンによる啓蒙的な研究書『ハピネス』[注2]（未訳）にはこうある。紀元前六世紀にクロイソスが、「人は生きているうちは誰も幸福ではない」という皮肉を言って以来、この幸福というとらえどころのない概念は、他のさまざまな概念の代用にされてきた。快楽、喜び、豊かさ、満足感、等々だ。

サミュエル・ジョンソンは、ひと時の幸福は酩酊時にのみ得られると言った。ジャン＝ジャック・ルソーにとっての幸福とは、ボートに横たわってあてどなく漂流し、神になったような気分を味わうことであった（生産性を表す光景とはあまり思えない）。他にも幸福の定義は数あれど、それらの説得力はルソーやジョンソンのものと大差ない。

また、今日のテクノロジーが高度でも、それによって幸福の定義を明確にできているかといえば、まったくそうではない。このことはウィル・デイビーズが著書『幸福ビジネス』(注3)（未訳）で気づかせてくれる。彼の結論はこうだ。

感情の測定や行動の予測をするための、高度な技術が開発されてはいる。しかし同時に、人間らしさとは何かをめぐる概念は、ますます単純化されている。幸福の追求とは何を意味するのかについても、もちろん同様だ。たとえば、明るく照らし出される脳スキャンの画像は、感情というとらえどころのないものについて、具体的な何かを示しているように見えるかもしれない。実際にはそうでない場合でもだ。

幸福は必ずしも、生産性の向上にはつながらない。相次ぐ研究で、幸福（しばしば「職務満足度」と定義される）と生産性の関係について、いくつかの矛盾する結果が示されている。イギリスのスーパーマーケットを対象としたある研究に至っては、職務満足度と企業の生産性は負の相関にあるという可能性さえ示唆している。従業員の不満度が高いほど、利益も高かったのだ。もちろん、これと反対の結果を示している諸研究もあり、職場での満足感と生産性には相関があると説明している。しかしそれらの研究さえも、全体として見れば、相関性が比較的弱いことを露呈している。

幸福の追求は、疲弊を招くことがある。幸福を追求することは全面的に効果的ではないかもしれないが、マイナスでもないはず、と思う人もいるだろう。否である。一八世紀以降、人々はこう指摘し続けてきた。幸福を求めることは、重い代償、けっして完全には果たせない責任を伴う。幸福ばかり意識していると、むしろ幸福度が下がるのだ。

近年のある心理学実験が、このことを証明している。研究チームは被験者らに、通常ならば幸福感を喚起するはずの映像を見てもらった。フィギュアスケーターがメダルを勝ち取るという内容だ。ただし視聴前に、半分のグループは、人生における幸福の重要性を記した文言を音読するよう求められた。もう半分のグループはそれをしない。

研究チームは結果に驚かされた。幸福の重要性を音読した被験者らは、映像を観た後にむしろ幸福度が下がっていたのである。基本的に、幸福が義務になると、それを達成できなかった場合にいっそう惨めな気持ちになりうるのだ。

このことは、現代においては特に問題となる。幸福は倫理的義務であるかのように説かれているからだ。フランスの哲学者パスカル・ブルックナーが述べるように、「不幸は、ただ不幸なだけではない。なお悪いことに、幸福をつかむのに失敗したということ」なのである。

幸福がパフォーマンスの低下を招く時

幸福は必ずしも、職場で仕事をうまくやり遂げる助けにはならない。顧客サービス業の現場、たとえばコールセンターやファストフード店で働いたことがある人ならば、否応なく明るい態度でいなければならないと知っている。それは強制されていることだ。疲れるかもしれないが、顧客に接している間は、それもある程度は理にかなっている。

しかし今日では、顧客と接しない多くの従業員にまで、明るい態度が求められている。このことが予想外の結果を招く場合があるのだ。ある研究では、機嫌がよい状態にある人は、機嫌が悪い人に比べ、不正行為を見抜く能力が劣っていた。別の研究では、交渉中に怒りを感じている人は、幸福を感じている人に比べ、優れた交渉成果を上げた。

ここから次のことが示唆される。常に幸福でいることは、仕事のすべての側面において、あるいは特定の能力が強く求められる仕事においては、必ずしも効果的ではないのだ。むしろ職務によっては、幸福は実際にパフォーマンスの低下を招く可能性がある。

職場で幸福を求めると、上司との関係に悪影響をもたらしかねない。職場は幸福を見つける場所だと考えていると、場合によっては、自分の上司を配偶者や親の代理であるかのように勘違いし始めるかもしれない。メディア企業を対象としたスザンヌ・エクマンの研究によれば、仕事に幸福感を求める人は、しばしば感情的な飢えをおぼえるようになるという。上司からの正当な評価と感情面の励ましを、絶え間なくほしがるのだ。

そして、上司から期待通りの感情反応が得られない場合（よくあることだが）、これらの従業員は自分が見放されていると感じ、過剰に反応し始めた。ささやかな失敗でさえも、上司から拒否されている明白な証拠だと解釈した。このようにさまざまな意味で、自分を幸福にしてくれるのは上司だと期待していると、感情的にもろくなる。

職場で幸福を求めると、友人や家族との関係にも悪影響をもたらしかねない。エバ・イルーズは著書『冷たい親密性』(注4)(未訳)のなかで、職場で感情を大事にしようと努める人たちに生じる、奇妙な副作用について指摘している。私生活を、仕事でのタスクのようにとらえ始めたというのだ。

彼女が話を聞いた人たちは私生活を、職場生活で学んださまざまなツールとテクニックを使って慎重に管理・運営すべきもの、と見なすようになった。その結果、家での生活は次第に冷たく、打算的なものになっていったという。したがって彼らの多くが、家よりも職場で過ごすことを好んでいたのも不思議ではない。

職場に幸福を求めると、失職時のショックがより大きくなる。職場が幸福と生きがいを与えてくれるものと期待していると、危険なまでに職場に依存するようになる。リチャード・セネットは、専門職従事者を研究するなかで気づいたという。雇用主を、自分に生きがいをもたらしてくれる重要な源泉と見なしている人は、解雇された時に最もひどく打ちのめされる。このような人が失職すると、なくなるのは収入だけではない。幸福の保証も失われるのだ。

つまり、仕事を幸福の大いなる源泉と考えている人は、変化の激しい時期には感情的に脆くなるということだ。企業のリストラが頻繁に行われる時代に、これでは危険かもしれない。

幸福は人を身勝手にする。幸福であれば、よりよい人間になれるはずだと思う人もいるだろう。しかしある興味深い研究によれば、そうではない。被験者にはくじ引きの券が配られ、他者に与える枚数と自分で保持する枚数を決めてよいといわれた。すると、機嫌がよい状態にある人たちは、より多くの券を自分で保持した。このことから、少なくとも特定の状況下では、幸福は必ずしも寛大さにつながらないことがわかる。むしろその反対の場合もあるのだ。

幸福の追求によって、孤独になることもある。ある実験で心理学者は、多数の人に詳細な日記を二週間つけてもらった。実験後の発見によれば、幸福を大いに重視した人たちは、同時により深い孤独感も感じていた。幸福の追求を過度に意識すると、逆に孤立感がつのるようだ。

ではなぜ人々は、これらすべての証拠に反して、幸福は職場をよりよい場所にするという考えにすがり続けているのだろうか。ある研究によれば、答えは美意識とイデオロギーに行き着くという。幸福は、紙の上では見栄えがする便利なテーマである（美意識）。しかし同時に、より深刻な問題、たとえば対立や職場政治（イデオロギー）を避けて通るためにも使える。

幸福な働き手ほど有能である、という前提にしておけば、より厄介な問題をうやむやにできる。とりわけ、幸福は選択の余地があると見られがちな点が、この傾向を助長している。職場生活に望ましくない人や性格――ネガティブな態度、場をしらけさせる人、不愉快な厄介者など――に対処するうえで、この前提は便利なのだ。

また、幸福というきわめて曖昧なものを喚起することは、物議を醸す決定（解雇など）を下しても責めを負わずやり過ごす方法として最適だ。バーバラ・エーレンライクが著書『ポジティブ病の国、アメリカ』(注5)で指摘するように、幸福に関するポジティブなメッセージは、危機や大量解雇の時期にいっそう支持されることが明らかになっている。

以上の潜在的な問題を踏まえれば、人は常に仕事で幸せになるべきだという期待を考え直す根拠は十分ではないだろうか。その期待は自分を疲弊させ、過剰な反応を引き起こし、私生活の充実にマイナスとなり、自分を脆く、だまされやすく、身勝手で孤独にするおそれがあるのだ。そして最も特筆すべきは、意識的に幸福を追求することで、真に素晴らしい体験から得る喜びの感覚が、むしろ失われるかもしれないということだ。

現実には、仕事は――人生における他のあらゆる側面と同じく――私たちにさまざまな感情をもたらすはずである。自分の仕事を憂うつで無意味に感じるならば、その理由は、実際にその仕事が憂うつで無意味だからかもしれない。他の理由で自分を偽れば、事態はさらに悪くなりかねない。幸福は、体験としてはもちろん素晴らしいが、強く念じれば生み出せるものではないのだ。

おそらく、仕事に幸福を求めすぎなければ、実際に仕事で喜びを——つくられた抑圧的なものではなく、自然発生的で心地よい喜びを——もっと感じやすくなるのだろう。

そして最も重要な利点として、仕事と冷静に向き合う姿勢が強まる。仕事をありのままに、偽らず見つめるということだ。それは経営幹部も従業員も、あるいは自己啓発セミナーで踊る指導者も、同様である。

アンドレ・スパイサー（André Spicer）
ロンドン大学シティ校カス・ビジネススクール教授。組織行動学を担当。著書に *Business Bullshit* がある。

カール・シーダーストロム（Carl Cederström）
ストックホルム大学准教授。組織論を担当。共著に *Desperately Seeking Self-Improvement* がある。

7

幸福追求のパラドックス

アリソン・ビアード
Alison Beard

"The Happiness Backlash,"
HBR, July-August 2015.

幸福追求への反対運動が起きている

幸福について書かれた記事や本を読むことほど、うんざりすることはない。なぜなら、幸せになる方法について、あまりにも多くのアドバイスが氾濫しているからだ。フレデリック・ルノワールが『幸福：哲学者の手引き』（注1）（未訳）で指摘しているように、偉大な思想家たちはこのテーマについて二〇〇〇年以上にわたって論じてきたが、見解の一致には至っていない。アマゾンをのぞくと、自己啓発書のサブカテゴリーの「幸福」には一万四七〇〇点もの本があるし、「幸福」とタグ付けされたTEDトークは五五もある。

いったい私たちを幸せにするものは何なのだろう？ 健康、お金、人間関係、意義ある目的、フロー（忘我的高揚）、寛容、感謝、心の平穏、ポジティブ思考……研究によれば、すべて幸福に関係があることがわかっている。嬉しいことを数える、一日一〇分瞑想する、無理やり笑う、といったきわめて単純な方法でも幸せになれる、と説く社会科学者もいる。

にもかかわらず、多くの人も同じだと思うが、私にとって幸福は、依然としてとらえどころがない。もちろん私も、寝る前に子どもに本を読んだり、仕事で憧れの人にインタビューしたり、やっかいな原稿を書き終えたりしたときには、喜びもするし満足も覚える。健康だし、支えてくれる家族や友人もいるし、刺激があり融通が利く仕事もある。

それなのに、私はネガティブな感情に覆われることがしばしばある。心配、不満、怒り、失望、罪悪感、嫉妬、後悔……私の心はいつも満たされない思いを抱えているのだ。

幸福について書かれた膨大な、そしてなお増えつつある書物が、そんな感情から救ってあげようと語りかけてくる。だが、そう言われても、落ち込んだ気分に追い打ちをかけられるだけだ。自分の幸せを感謝すべきだということはわかってはいる。私にはそう思うべき理由がたくさんある。人より恵まれていることも多い。幸せな人のほうが成功することも知っている。ちょっとしたメンタル・エクササイズが役に立つことがあるのも知っている。それでもやはり、気持ちが沈んだ時、それを乗り越えるのは一苦労だ。

さらに正直に言うと、そんな満たされない思いを、非生産的な悲観主義の産物ではなく、きわめて生産的な現実主義の結果と考えているふしが自分のどこかにある。ともかく、私にはいつもハッピーな気分でいる人生など想像できない。実際、そうであると言う人には大いに懐疑的になってしまう。

そんな私がこの小文を書くことにしたのは、ここ数年、同様の観点からの論調が目につくようになったからだ。二〇〇九年にバーバラ・エーレンライクが、『ポジティブ病の国、アメリカ』[注2]でポジティブ思考の飽くなき追求とその弊害を論じた。二〇一四年には、ニューヨーク大学の心理学教授ガブリエル・エッティンゲンの『成功するにはポジティブ思考を捨てなさい』[注3]、そしてポジティブ心理学が専門のトッド・カシュダンとロバート・ビスワス＝ディーナーによる『ネガティブな感情が成功を呼ぶ』[注4]が出版された。

二〇一五年に入ると、マシュー・ハトソンの素晴らしい論考「幸福を超えて：落ち込むとのメリット」[注5]（未訳）が『サイコロジー・トゥデイ』に登場。書籍では、スタンフォード大学のケリー・マクゴニガルによる『スタンフォードのストレスを力に変える教科書』[注6]、イギリスの歴史家で解説者のアンソニー・セルドンの『幸福を超えて』[注7]（未訳）、ロンドン大学ゴールドスミスカレッジで政治を講じるイギリス人著述家ウィリアム・デイビスによる『幸福ビジネス』[注8]（未訳）などが相次いで出版された。

幸福への反対運動がついに起こったのだろうか。そう言えなくもない。最近発表されたこれらの論考のほとんどは、ハッピーでなくてはならない、ポジティブに考えなくてはならない、という現代的強迫観念への抗議と考えることができる。

エッティンゲンは、明るい幻想から目を醒まして現実の障害を分析することが大切だと説いている。カシュダンとビスワス＝ディーナーの共著やハトソンの論考は、冒頭に私の例として挙げたようなネガティブな感情には良い面もある、ということを詳しく論じている。そうした感情があるからこそ、私たちは状況を改善しようとしたり、自分を成長させようとするというわけだ。ハーバード大学の心理学者スーザン・デイビッドがＨＢＲに寄せた論文「ネガティブな感情をコントロールする法」(注9)も、この点を掘り下げている。

マクゴニガルは、たとえ何らかの不快な状態――つまりストレス――があったとしても、それを穏やかな心で受け止めることができれば、心身の健康は阻害されないばかりか、むしろ改善されるということを示した。困難に直面したらストレスを感じるのが自然だと考えて受け入れる人は、ストレスと戦おうとする人よりも、再起力があって長生きするという。

セルドンは、ただ快楽を追い求めることをやめ、より有意義なことに心を向けるようになったことで喜びを得た自身の体験を紹介し、読者もそうなれるはずだと論じている。彼が何に心を向けたかを紹介しよう。自己受容、集団への帰属、よき人格であろうとすること、規律、共感、焦点を絞る、寛容、健康、問う姿勢、内なる旅、因果応報を受け入れる、礼拝、瞑想だ。（貴重な助言なのにアルファベット順の配列でやや安直な印象を与えるのが残念な気もするが、続刊が出たらXとZが何になるのか楽しみだ。）

デイビスは幸福の問題に別の角度から迫っている。彼は「脳内の曖昧な感情的プロセス」を利用しようとする組織的な試みに辟易としていた。彼に言わせれば、広告主も、人事部のマネジャーも、政府も、製薬会社も、人々の飽くなき幸福欲求を測定し、操作し、そこから利益を得ようとしているということになる。

目指すべきは「長期的な達成」

ただし、これらの著者の誰一人として、幸せな人生を目指す個人の生き方に異議を唱えてはいない。私たちは「幸福の追求」と言うが、本当に目指しているのは「長期的な達成」と言うべきものである。

ポジティブ心理学の父マーティン・セリグマンは、何年も前から、それを「フラーリッシュ」（持続的幸福）と呼び、ポジティブな感情（すなわち幸福感）は、没頭、つながり、生きる意味、達成などと並ぶフラーリッシュの一要素であると論じている。「ハフポスト」の創設者アリアナ・ハフィントンは、近著でそれを「スライブ」という言葉で表している（幸福・知恵・驚き・与えることの四つから成るものと定義）。幸福の哲学をめぐる歴史に関する本のなかでも特に啓発的で楽しく読める一冊を著した、先述のルノワールは、それをシンプルに「人生への愛」と呼んでいる。これらに異議を唱えられる人はいないはずだ。

幸福になろうと説く専門家たちのほとんどが間違っているのは、日々の暮らしで（さすがに四六時中ではないにせよ）幸福を感じていれば、長期的な達成につながる、と主張している点にある。コップにはまだ水が半分残っていると考える楽観主義者にとっては、その通りなのかもしれない。

そういう人なら、この分野の最も著名な研究者、ダン・ギルバートが示唆しているように「幸福との偶然の出会い」を体験できるかもしれない。大学教授からコンサルタントに転身したショーン・エイカーが語った「幸福のアドバンテージ」を得ることができるかもしれない。あるいはエイカーの妻でありグッドシンクの共同経営者であるミッシェル・ギーレンが新著で勧めているように、「幸福を拡散する」こともできるかもしれない。これらは、冒頭にも書いたような単純なテクニックを使えば済む話であるようだ。

しかし、かようにたくさんの喜びを見出すことにわざとらしさを感じる私のような人たちは、そうした方法で意味ある人間関係を築いたり、立派なキャリアを手に入れたりすることはできそうにない。雇用主や外からの働きかけに反応して、ポジティブになれるわけでもない。

そんな私たちは、自己啓発の本を読むことではなく、別のさまざまな方法で長期的な達成を目指している。長い目で見れば、私はたぶん、それで問題ないと思う。それどころか、幸せにだってなれるはずだ。

アリソン・ビアード（Alison Beard）
『ハーバード・ビジネス・レビュー』（HBR）シニアエディター。

幸福の歴史

08

HAPPINESS

ピーター・N・スターンズ
Peter N. Stearns

"The History of Happiness,"
HBR, January-February 2012.

幸福の考え方は文化圏によって異なる

ロシアでは、こんなことが言われているそうだ。

「笑ってばかりいるのは、ばかか、アメリカ人である」

なるほど、マクドナルドが一九九〇年にロシアに進出した時、ほがらかで明るく見えるようにと、まずスタッフ研修に着手した。以来、私はロシアの友人たちと、幸福感の表現方法にまつわる文化的慣習について議論を重ね、さまざまな違いが存在することで意見が一致した。

ここで申し上げたいことは、もちろんロシア人への非難ではない。東アジアの文化圏の大半を見ると、幸福を期待する気持ちはアメリカ人ほど強くない。一方、ラテンアメリカには別の反応を示す文化圏もある。

つまるところ、幸福の考え方は文化圏によって異なり、幸福度に関する国際的な世論調査の結果にも表れている。しかも、幸福との向き合い方もまちまちであり、変化もする。最近の調査によれば、デンマーク人は以前ほど陰気ではないという。

このような変化の本質を歴史的に探ってみると、幸福にまつわる時代背景が浮き彫りになるだけでなく、プラス面とマイナス面の両方を評価できる。歴史的観点から離れると、たとえばアメリカ人の幸福に対する期待感はきわめて正常で自然な感情に思われるため、評価が難しくなる。

転換点は一八世紀に訪れた

西洋文化では幸福への執着が強いが、これは近代以降の傾向である。西洋の価値観を遡ってみると、一八世紀までは、現在とは異なり多少悲観的な人生観が好ましいとされ、表情もそれに相応していた。ある厳格なプロテスタントが述べたように「喜びや悦楽を享受することなく、いくぶん悲哀を装い、禁欲に身を置く」者に、神は手を差し伸べたのである。

とはいえ、当時の人々が実際に不幸だったとも言えない。なぜなら、文化的規範と個人の気質が複雑に絡み合っていたからである。それでも、実際に幸福が訪れようものなら、大半の人たちが罪の意識にかられたのは間違いない。罪深き人間にとって、悲しげな振る舞いのなかに慎みを示すことこそ最たる方法だったのである。

こうした考え方も、一八世紀に「啓蒙思想」（聖書や神学などの権威ではなく、人間の理性によって世界を理解しようとする思想運動）の価値観が広まると、劇的な変化が生じる。イギリスの詩人アレキサンダー・ポープは、「おお、幸福よ。我らの存在の究極の目的よ」と記した。また、ジョン・バイロンという人物は「最善なるものとは、心がいつも躍然とし、憂いが消え失せることなり」と説いた。このような主張は、長所と短所を併せ持つ「諸刃の剣」であり、いまもそうである。

この時代、幸福の希求は当然の行為と見なされ、不幸やそれを彷彿させるものは忌み嫌われた。大衆が関心を抱く「幸福と自立への陶酔」が書物のテーマとなった。また、一七九三年にフィラデルフィアで猛威をふるった黄熱病のような災禍が契機となり、難を逃れた人々は、悲嘆に暮れることなく前向きに生きるように励まされた。

幸福について研究した歴史家はあまり多くないが、何らかの形でこのテーマに取り組んだ人たちの見解はおおむね一致している。すなわち、およそ二五〇年前、西洋文化に、少なくとも幸福にまつわるレトリックに重要な変化が生じたという。

では、「なぜ変化が生じたのか」という疑問が当然浮かんでくる。わかり切った原因もあるが、おそらくまだ、十分に納得のいく説明がなされていない。

たしかに、これらの要因として、現実世界の諸問題を再評価する、あるいは古来キリスト教の中心的概念である原罪（アダムとイブが犯した罪に基づく人類の生まれながらの罪）に縛られないようにするといった知識上の変化が考えられるが、すべて啓蒙思想によって創造された文化環境の一つである。

したがって、この時代において幸福を重視する風潮は反宗教的なものではなかったとする主張があり、注目に値する。つまり、天真爛漫であることこそ神の喜びとする、新たな概念が重要な要因だったのである。

さらに一八世紀には、人間らしい快適な暮らしという点で、家庭用暖房設備の向上から雨を防ぐ傘の登場（イギリスの伝統を重んじる者のなかには、ごく少数だが、国民性を害するとして傘の使用に反対する人もいた）まで、中流以上の人々にとって目覚ましい進歩があった。

またある歴史家は、一八世紀を歯科技術が進歩した時代として注目している。その結果、この時代の人たちは口を開けて笑うようになったと言う。しかも、レオナルド・ダ・ヴィンチの『モナリザ』に代表される曖昧な微笑は、おそらく虫歯を恥じる気持ちからであると主張した。

一八世紀末に定着する「笑うアメリカ人」

幸福を重視する風潮をもたらしたこれらの変化はきわめて広範に影響を及ぼし、アメリカでは幸福の追求があたかも革命のごとき勢いで広がったことで、一八世紀末までには、幸福になることが政治のテーマになった。

実のところアメリカ人は、早くもこの時から幸福を少々誤解していたようである。一七九二年、あるイギリス人ジャーナリストが「ユーモアあふれるアメリカ人」に驚き、それから四〇年後、別のイギリス人ジャーナリストは「アメリカ人が不満を口にするのを是としないのは、同情を期待したところで反感を買うのが落ちだと考えているからであろう」と述べた。

一八三〇年代には、女性初の社会学者として数々の実績を残したハリエット・マーティノーは、アメリカ人たちが事あるごとに彼女を笑わせようとすることに驚いたというエピソードを紹介している。いわく「見知らぬ人が、世にも奇妙な滑稽なしぐさを真顔でするので、私は笑ってよいものかどうかとまどった」。

新生アメリカでは、何より幸福を求める声の高まりにより、「笑うアメリカ人」が正当化されるようになり、以後二世紀にわたってステレオタイプ化していった。

時を同じくして、大きな話題にはならなかったものの、公園墓地が導入され弔《とむら》い方が大きく変わったが、これは偶然ではなかった。晩年を迎え、公園墓地に入ることを考えれば、幸福とは言えないまでも、おそらく満足であったことだろう。

以上が現代の西洋文化に幸福が出現した初期段階の経緯だが、その後何段階かを経て、いまに伝わる文化において幸福のさらなる可能性が築かれていった。一九世紀に幸福への関心が社会的に高まることはなかったが、日常生活のさまざまな場面で重要な役割を演じた。

中産階級が新たに登場し、その労働に関する倫理観は「仕事は幸福の源である」という主張に近かった。ただし、少々複雑であった。たとえば、働くことの美しさを描いたホレイショ・アルジャーの小説でも、報酬として、労働に伴う本来の幸福だけでなく、高収入や社会的地位の向上が扱われていた（彼の作品の多くは「ボロ着から富へ」の物語と形容される）。

台頭したばかりの中産階級にとって、「労働者は幸福ではない」ことの理由など存在せず、怠惰や悪癖はパフォーマンスを低下させるばかりか、充足感までをも奪ってしまうと信じるほうが都合がよかった。

幸福を重視する風潮は、家庭生活においてより顕著であった。家で働くことが減り、経済に果たす役割が小さくなると、感情面で新たな責任を引き受けるようになる。妻や母親には、家庭が暗くならないようにし、働き手の夫に報い、優秀な子どもを育てることが求められた。

道徳主義者たちは、家庭では夫婦が協力して怒りを慎むことを説いた。しかし一九世紀後半、アメリカで離婚率が上昇したのは、夫婦の幸福への期待が現実の家庭生活と噛み合わなかったことによる。これは古くて新しい問題であり、いまなお解消されていない。

またアメリカ人は、幸福の希求と人間の死に折り合いをつけることに、誰よりも熱心であった。天国は、何よりも亡くなった近親者たちと喜びの再会を果たせる幸福の地であるとする考えが定着した。これは、誰しもが抱く恐怖や悲しみの軽減を目的としたため、精神的報酬の再定義として多くの共感を呼んだ。

幸福の文化が広がっているという文脈において、この理屈で考えれば、今日に至るまで宗教的文化が根強く支持されてきた理由がわかるだろう。たとえば最近の葬儀では、飼っていたペットが死んだ場合でさえ天に召されると考えられている。

一九二〇年代以降の幸福ブーム

このような幾多の進展を経て、幸福を主張する文化が確立された。しかし、幸福の歴史はここで完結することはなかった。なぜなら、とりわけアメリカでは、一九二〇年代以降、新たな幸福が台頭したからである。

たとえば、幸福になることの重要性、幸福を手に入れるために個人が負う責任、幸福を得るための各種方法などをテーマにした書物が山のように出回り始める。ちなみに、数十年にわたる出版物のなかには、「幸福にまつわる著作」のような秀逸な作品もある。

幸福ブームは、書誌を賑わすだけにとどまらなかった。幸福の文化に対する関心が高まると、対人関係のノウハウやBGMにおける実験的な試みを通じて、仕事と幸福を関連づける動きに拍車がかかった。これに触発され、ホワイトカラーや営業職は職場で明るく振る舞うことが大切であるという規範が生まれた。

この頃、ウォルト・ディズニー・カンパニーなど新しい企業帝国が登場した。ディズニーはその社是を「みんなを幸せにする」とし、スタッフたちは「ディズニーの一員であるだけで幸せである」と、顧客にアピールした。

また、お子様ランチに代表される「ハッピーミール」が広まった。広告会社の経営者ハーベイ・ボールも幸福ブームに刺激された一人で、一九六三年に黄色いバッジで有名な〈スマイリー・フェイス〉を発明した。これは、ジョン・F・ケネディ暗殺事件が起こったにもかかわらず爆発的に売れ、一〇年足らずの間にライセンス収入が五〇〇〇万ドルを超えた。

こうした世相を反映して、「ラフ・トラック」〈テレビ番組やラジオ番組で挿入される笑い声〉が考案され、笑いやユーモアが物足りなくても、人々は間違いなく楽しい気分になれるようになった。くわえて、写真の撮影技術が改良され、家族そろっての遠出から政治家の顔写真に至るまで、微笑みながらポーズを取るのが流行となった。

幼年期と幸福は関連するのか

「幼年期には幸福が不可欠である」という考え方も広まった。いまではすっかり常識化しているが、歴史的には違うというのは意外に思われるかもしれない。

それまで、幼年期と幸福を一緒に考えることは一般的ではなかった。ただし、昔の子どもたちがあまり幸福ではなかったという意味ではない。子どもは幸せでなければならないというわけではなく、実際大人になって（幼児期の幸福感を）ありありと思い出すことはまれであり、親の責任は問われなかった。啓蒙思想によって幸福への関心が高まったとはいえ、仕事に黙々といそしむことが美徳とされた時代であり、幼年期の幸福にまで思い至ることはなかった。

二〇世紀前半になると、ようやく育児書がお目見えし、子どもの幸福についてさまざまに論じられるようになる。

「心身ともに健全な大人に成長するうえで、子どもにとって幸福は食事に勝る」「あらゆる面で、子どもに最大限の幸福を授けることを育児の目的とすべきである」などと熱心に説く本もあった。

また「子どもは生まれつき幸福である」（大人は甘やかしさえしなければよい）という信念、「幼年期は実際には難しい時期である」（親は喜びを与えてやる必要がある）という心配性の見方も生まれ、世間一般の新しい幸福観には多少意見の対立が見られた。

とはいえ、「幼年期と幸福を不可分なものにすることが親の重要な責任である」という考え方に、異議を差し挟む余地はなかった。実際一九四〇年代までに、無気力という概念は、好ましくない性格特性という見方から、「そうならないようにちゃんとした子どもに育てるのが親の仕事である」と認識され、そのように啓蒙されるようになった。

次のような背景もあった。一九二六年に『ハッピー・バースデー・トゥ・ユー』が作曲されると、一九二九年に始まる暗澹たる世界大恐慌にもかかわらず（あるいはそのおかげで）、一九三〇年代末までには、この歌が家族の心の支えになった。

人々がより幸福を求めるようになったのは、そもそも既存の文化に根差しているが、他にも要因があった。製造業が中心だった経済からホワイトカラーが主流の経済へと移行したことで、企業経営者たちは幸福をビジネスにする環境が整ったと見たのである。

それは「コンシューマリズム」（一九六〇年代に始まった消費者主権運動）が理由であった。あらゆる業界の広告宣伝担当者たち（新たに確立された職業）は、製品と幸福を結びつけることで売上げに拍車がかかることに気づいた。

これこそ、幸福の文化が二〇世紀半ばに一般化し、今日まで引き継がれてきた理由を説明するものである。そして、私たちはいまなお笑っているわけである。

幸福を求める文化の問題点とは

「幸福は必要不可欠なものである」という認識を、人間が本来備えている特性としてではなく、近代の所産として理解することで、社会的経験や個人的経験の核心を理解するための新たな道が開かれる。ただし、それゆえ不可避な問題がいくつか生じる。

とりわけ西洋の場合、幸福の文化を構成する各要素が広く共有されてきたため、他の文化圏と見比べてみることは興味深い。

たとえば『ハッピー・バースデー・トゥ・ユー』は主要な言語に翻訳され、いまや誕生日を祝う習慣は、中国やアブダビなどの中流階級の消費者文化にとって不可欠なものとなり、これまでの伝統やしきたりを変える、あるいはそれらを塗り替えることもある。

では、幸福を重視する風潮はグローバル化の一部と言えるのだろうか。まだ何とも言えないが、あまり笑わないロシア人のことを思い出せば、観察に値する問題である。

また、世界や国という枠組みを問わず、より重要な問題がある。すなわち、文化は変化しているが、このことと実際の幸福の間には、いかなる関連性があるのかという問題である。これもまた、一筋縄ではいかない。

幸福は人間に生来備わった特性で、体が成長するがごとく、人はさらなる幸福を得るべきだと主張する専門家もいる。しかし、それはどうも極端である。また、幸福に重きを置く文化では、多数の人々が幸福になれそうである。とはいえ、その関連性はややこしく希薄である。

幸福の文化に関することが歴史的に発展してきたが、ここにも限界が見て取れる。幸福の基本的なあり方を家族や仕事上の期待に当てはめてしまうと、文化的に増幅された幸福像との矛盾を感じ、挫折や失望が生じる。

過大な期待は、不本意な結果に終わる可能性がある。そのうえ、幸福の新しいあり方が示されれば、たとえば死のように、そこに幸福を見出しえない経験と対峙《たいじ》することがよりいっそう難しくなるだろう。これは、現代の文化が抱えるもう一つの脆弱性《ぜいじゃくせい》である。

幸福を不可欠なものとして考えると、現代のグレー・ゾーンを検証することが難しくなり、不可欠なものであると強制されても、そうならない可能性がある。きわめて顕著な否定的側面を二つ挙げてみたい。

一つは、幸福を重視することで生じる現実とのギャップによって、皮肉なことだが、必然的に不満が生じることである。しかもそこには、楽しげに振る舞おうとするプレッシャーのため、不満の原因を突き止められないというリスクをはらんでいる。

たとえば職場環境など、現状の改善が可能でも、そのチャンスを見落としてしまうかもしれない。なぜなら、何か問題が生じると、個人に責任を転嫁し、より客観的な原因があるとは考えないからである。このようなリスクは、幸福という美辞麗句の広がりをある時点で食い止める必要があることを示唆している。

もう一つは、少なくとも第一の問題と同様に重要だが、幸福に満たされた文化によって、人々が自分や他人の悲しみにうまく対処できなくなることである。

たとえば、子どもが悲しめば、その親が非難の対象となる。つまり、「不幸な幼年期」は現代版天罰の原因となる。しかし、不幸な子どもたち、またある時期に不幸だった子どもたちはどうなるのか。何がこのような子どもたちの救いとなるのか。大人にも同じことが当てはまる。

知っての通り、うつ病患者の少なくとも四人に一人が、悲しみに沈んでいることで、健常であっても病気と誤診されている。たしかに、うつ病のなかには、悲しみを抱え込んだことが引き金になり、気づいた時には深刻な状況に陥っていることもある。

あらゆる文化体系には、そもそも、その文化を定着させた優位性のみならず、何らかの欠点が存在する。文化を歴史的変化の所産と見なすことは、歴史を遡り、その過程を評価し、そのうえでさらなる変化を考察することにつながる。

＊　＊　＊

近代史が残してくれた幸福の文化に手を加えることは、本意ではない。多少の問題が存在していようと、幸福によってもたらされる恩恵や人々の笑顔がそれを補ってくれるだろう。とはいえ、これらが修正される可能性もある。幸福の文化には、過去数世紀に及ぶ発展を経てなお、改善の余地が残されているかもしれないからである。

ピーター・N・スターンズ（Peter N. Stearns）
ジョージ・メイソン大学教授。歴史が専門。カーネギーメロン大学教授時代に、世界史に関する先駆的な教育法の開発、『ジャーナル・オブ・ソーシャル・ヒストリー』誌の創刊などを手がけた。

Books, 2009.（邦訳『ポジティブ病の国、アメリカ』河出書房新社、2010年）

3） Gabriele Oettingen, *Rethinking Positive Thinking: Inside the New Science of Motivation*, Current,2014.（邦訳『成功するにはポジティブ思考を捨てなさい』講談社、2015年）

4） Todd Kashdan and Robert Biswas-Diener, *The Upside of Your Darkside*, Avery, 2014.（邦訳『ネガティブな感情が成功を呼ぶ』草思社、2015年）

5） Matthew Hutson, "Beyond Happiness: The Upside of Feeling Down," *Psychology Today*, January 6, 2015.

6） Kelly McGonigal, *The Upside of Stress: Why Stress Is Good for You, and How to Get Good at It*, Avery, 2015.（邦訳『スタンフォードのストレスを力に変える教科書』大和書房、2015年）

7） Anthony Seldon, *Beyond Happiness: The Trap of Happiness and How to Find Deeper Meaning and Joy*, Yellow Kite, 2015.

8） William Davies, *The Happiness Industry: How the Government and Big Business Sold us Well-Being*, Verso, 2015.

9） Susan David and Christina Congleton , "Emotional Agility," *HBR*, November 2013.（邦訳「ネガティブな感情をコントロールする法」『DIAMONDハーバード・ビジネス・レビュー』2014年10月号）

注

2. 幸福の心理学

1) Daniel Gilbert, *Stumbling on Happines*, Knopf, 2006.（邦訳『幸せはいつもちょっと先にある』早川書房、2007年）

2) アメリカ人の平熱は華氏98.6度、摂氏では37度とされる。

3) 哲学では、現実世界は無数の可能世界の一つだとする考え方があり、可能世界論と呼ばれる。ドイツの哲学者のゴットフリート・ライプニッツは、神は無数の可能世界のなかから、最善の現実世界をつくったと論じた。

4. インナーワークライフの質を高める「進捗の法則」

1) James D. Watson, *The Double Helix*, Atheneum, 1968.（邦訳『二重らせん』講談社、1986年）

2) Teresa M. Amabile and Steven J. Kramer, “Inner Work Life: Understanding the Subtext of Business Performance,” HBR, 2007.（邦訳「知識労働者のモチベーション心理学」DHBR2008年3月号）

3) Frederick Herzberg, “One More Time: How Do You Motivate Employees?,” *HBR*, January 1968.（邦訳「モチベーションとは何か」『DIAMONDハーバード・ビジネス・レビュー』2003年4月号）

6. 職場での幸福について、見落とされていること

1) シカゴの電話機器製造工場で行われた、作業環境と作業効率の関係を調べるための実験の一部。作業場の照明を明るくしたところ、作業効率が上がったが、暗くしても同様の結果が得られた。このことから、生産性を左右するのは物理的な環境よりも、人間関係などの間接的な要因であると解釈された。ホーソン実験と呼ばれる一連の実験の結果は、主導者エルトン・メイヨーによって「人間関係論」として理論化されていった。

2) Darrin M. McMahon, *Happiness: A History*, Atlantic Monthly Books, 2005.

3) William Davies, *The Happiness Industry: How the Government and Big Business Sold us Well-Being*, Verso, 2015.

4) Eva Illouz, *Cold Intimacies: The Making of Emotional Capitalism*, Polity Press, 2007.

5) Barbara Ehrenreich, *Bright-Sided: How Positive Thinking Is Undermining America*, Metropolitan Books, 2009.（邦訳『ポジティブ病の国、アメリカ』河出書房新社、2010年）

7. 幸福追求のパラドックス

1) Frédéric Lenoir, *Happiness: A Philosopher's Guide*, Melville House, 2015.

2) Barbara Ehrenreich, *Bright-Sided: How Positive Thinking Is Undermining America*, Metropolitan

『Harvard Business Review』（HBR）とは

ハーバード・ビジネス・スクールの教育理念に基づいて、1922年、同校の機関誌として創刊された世界最古のマネジメント誌。米国内では29万人のエグゼクティブに購読され、日本、ドイツ、イタリア、BRICs諸国、南米主要国など、世界60万人のビジネスリーダーやプロフェッショナルに愛読されている。

『DIAMONDハーバード・ビジネス・レビュー』（DHBR）とは

HBR誌の日本語版として、米国以外では世界で最も早く、1976年に創刊。「社会を変えようとする意志を持ったリーダーのための雑誌」として、毎号HBR論文と日本オリジナルの記事を組み合わせ、時宜に合ったテーマを特集として掲載。多くの経営者やコンサルタント、若手リーダー層から支持され、また企業の管理職研修や企業内大学、ビジネススクールの教材としても利用されている。

前野 隆司（まえの・たかし）

慶應義塾大学大学院システムデザイン・マネジメント研究科委員長・教授。1984年東京工業大学卒業、1986年同大学修士課程修了。キヤノン株式会社、カリフォルニア大学バークレー校訪問研究員、ハーバード大学訪問教授等を経て現在慶應義塾大学大学院システムデザイン・マネジメント研究科委員長・教授。慶應義塾大学ウェルビーイングリサーチセンター長兼務。博士（工学）。著書に、『幸福学×経営学』（2018年）、『幸せのメカニズム』（2014年）、『脳はなぜ「心」を作ったのか』（筑摩書房, 2004年）など多数。日本機械学会賞（論文）（1999年）、日本ロボット学会論文賞（2003年）、日本バーチャルリアリティー学会論文賞（2007年）などを受賞。専門は、システムデザイン・マネジメント学、幸福学、イノベーション教育など。

ハーバード・ビジネス・レビュー［EIシリーズ］

幸福学

2018年11月7日　第1刷発行

編　者――ハーバード・ビジネス・レビュー編集部
訳　者――DIAMONDハーバード・ビジネス・レビュー編集部
発行所――ダイヤモンド社
〒150-8409　東京都渋谷区神宮前6-12-17
http://www.diamond.co.jp/
電話／03·5778·7228（編集）　03·5778·7240（販売）

ブックデザイン――コバヤシタケシ
製作進行――ダイヤモンド・グラフィック社
印刷――勇進印刷（本文）・加藤文明社（カバー）
製本――ブックアート
編集担当――前澤ひろみ

ISBN 978-4-478-10496-5